CHRONOS

Cristina Van Den Camp Cors

Cómo he llegado aquí

europa
ediciones

© 2025 **Europa Ediciones** | Madrid

www.grupoeditorialeuropa.es

ISBN 9791256960323

I edición: febrero del 2025

Curador: Samuel Pérez

Distribuidor para las librerías: **CAL Málaga S.L.**

Impreso para Italia por *Rotomail Italia S.p.A. - Vignate (MI)*

Stampato in Italia presso *Rotomail Italia S.p.A. - Vignate (MI)*

Cómo he llegado aquí

En los jardines de la memoria,

en el Palacio de los sueños,

allí es donde tú y yo

nos volveremos a ver.

A mi papito.

Cómo he llegado aquí

Todos conocen lo que sucedió en marzo de 2020, por lo tanto, no sé si empezar contando dónde empezó todo o cómo he llegado aquí. ¿Dónde es aquí? ¿Qué empezó en marzo de 2020 para mí? Porque no fue igual para todos y muchos ya han olvidado demasiado rápido.

«Aquí» es un centro de salud mental, ingresada voluntariamente, porque en mi interior sabía que no podía llegar hasta el final; el que entendió, entendió, y para el que no lo ha pillado, es muy fácil al final de todo.

Para alguien recién diagnosticado de padecer una enfermedad crónica como la fibromialgia (dolor crónico para toda la vida, todos y cada uno de los días) no es fácil, pero antes de ese diagnóstico, vamos a situarnos en ese marzo tan fulminante, pandemia mundial, y yo dentro de ella, pues como personal sanitario era esencial.

Dentro del lugar que me tocó trabajar, fuera totalmente de mi zona de confort, como todas, no pasé miedo ni por mí ni por mi familia, porque vivía sola con mis gatos y las videollamadas consolaban un poquito. Mis compañeras, con las que comparto el mismo humor negro de mal gusto, hablamos, mientras comemos, de mierda, pus y habitaciones estucadas de sangre, cual película gore; nos reímos alto aunque sean las tres de la mañana, pues trabajamos turnos de doce horas, semana larga, semana corta. Es fácil mirar lunes, miércoles, sábado y domingo; y martes, jueves, viernes; si entiendes un poco lo que supone dormir de día, de noche, en días distintos, se puede comprender por qué he acabado tururú. Durante dieciséis años de mi vida laboral, tengo treinta y cinco más tres. ¿Por qué no digo treinta y ocho? Porque no me sale del papo, esos tres años no computan. Las olas iban y venían y nosotras estábamos allí, sí, haciendo Tiktoks entre muerto y muerto, porque no hay cabecita que procese tanta bolsa donde iba una persona con su vida, sin sus familiares, y fin; acabas en una bolsa y nadie que le quería pudo besarle la frente, decirle lo mucho que le quería, sino despedirlo mirando un trozo de madera. Con mi padre pusimos fotos de él con mi madre cuando aún era feliz, pero me estoy adelantando.

Mi familia sí tuvo que enfrentarse a dos muertes: mis abuelos maternos, diecinueve días de diferencia de uno al otro, y no, no fue por COVID, fue por viejitos. Mi abuela, con noventa, estaba en casa de mi madre, senil. Son divertidas como niñas pequeñas, rebeldes al principio, no quieren dormir, se levantan, se sientan; luego son violentas, te quieren pegar y eres la más mala del mundo: «¡Puta!», te grita y hace un amago de gancho de izquierda a mi madre, que no le sale muy certero. Mi madre me llama histérica a las dos de la mañana mientras trabajo, que no se duerme, que grita: «¡Me quieren matar!». Y yo: «Mamá, dale más medicación»; y la pobre me decía: «Es que no quiero pasarme y matarla». Y yo, descojonada: «Dale un chorro, nada de gotas, átala a la cama con una sábana». Y diréis qué cruel. No, es la pura realidad. No podíamos ingresarla en una residencia porque no dejaban por el COVID (sí, sé que se dice «la COVID-19, pero a mí no me da la gana»). Cuando mi abuela se caía, tenían que llamar a los Mossos porque mi madre y mi papito no podían con ella (sí, mi papito estaba vivo aún). Entonces, en julio, por fin, nos dieron permiso y la ingresamos en una residencia; se la llevaron con la cabeza colgando en una silla de ruedas. Nunca más se levantó.

En la residencia te obligaban a una cuarentena de diez días en su habitación, sola; podéis imaginar cómo podían trabajar las compañeras de las residencias, donde hay la mayor falta de personal que en ningún otro sitio, sobre todo en las privadas, por qué será. La cuestión: deshidratación, infección de orina, fiebre, y del hospital Valle Hebrón, directa a un sociosanitario, donde yo ya sabía que no saldría. Teníamos a una geriatra proponiéndonos ponerle un botón gástrico para que pudiera comer porque ya no tragaba. Yo no me creía semejante aberración; ese saco de piel y huesos no iba a soportar una anestesia. ¿Qué coño tomaba esa doctora para no ver la realidad? Mi abuela sufría, tenía dolor al moverla; no hablaba, pero gemía con el movimiento.

Cuando reclamé mórficos para ella, no me lo quisieron autorizar porque eso era una eutanasia y era ilegal. Para cuando conseguí que le pusieran una bomba de perfusión (máquina que administra dosis continuas de medicación, en ese caso, mórficos), mi abuela ya hacía *gasping*, o como coño se escriba eso; es ese ruido tan característico de alguien que no respira bien y su pecho sube y baja espasmódicamente. Muy agradable todo, nótese la ironía en mis palabras. El *gasping* es el gorgorito que te alerta de que la muerte espera junto a su cama. Mi madre tuvo la gran suerte de que le dejaron quedarse escondida en la habitación para poder darle la mano para cuando se quisiera ir con mi abuelo. Sí, mi abuelo murió primero, fue a los días de ingresar a mi abuela en el geriátrico. Él decidió que ya estaba cansado, noventa y seis años, un roble. Tres veces ya nos había hecho pensar que se moría, pero siempre resurgía. Las enfermeras le llamaban Toni;

yo, obvio, avi, pero era un Antonio de toda la vida. Yo me meaba cuando entraban en la habitación y le preguntaban: «¿Tony, cómo estás?». Y él, con el saturador en el dedo, esa máquina con la luz roja que te mira la oxigenación, levantaba el dedo y con toda su caradura decía: «E. T., mi casa».

Mi abuelo murió en la cama de la siesta, con su camiseta blanca de tirantes, el reloj y el palillo, el montadientes en el estante; la ventana abierta: ¡no! ¡Nunca! Tenía miedo de las corrientes de aire. Ese hombre siempre llevaba el pelo perfecto. Mi abuela me dijo un día: «Un día con quince años compramos un pisito; es un cuarto, me hubiera gustado más un segundo, pero bueno, ya está hecho». Yo, inocente: «¿Habéis comprado un apartamento en la playa?». Ellos tenían un terreno en esas urbanizaciones de montañas sin asfaltar. Mis rodillas aún sienten el dolor de las heridas por las caídas de la bici. Qué veranos, qué felices e ignorantes. Yo otra vez: «¿En qué playa, *iaia*?». Y ella: «¿Detrás o delante de los judíos?». «Ah, sí, antes. Es un nicho en el cementerio de Sant Andreu». Podéis adivinar mi cara. Ella: «Total, nadie vendrá a vernos». Y esto sí que no; voy, santos, cumples, aniversarios, bodas, Navidades, porque sí. No la quiero en mis sueños persiguiéndome. Para quien no crea en los sueños, os diré que me la suda; a mí, mis abuelos han venido a verme, incluso mi abuela me ha dado la mano para despertarme de una pesadilla, y luego me enseñan que están bien. En la torre, mi abuelo con su palillo en la boca y mi yaya con su vestido fresquito, con los laterales recogidos a las bragas; adivinad quién hace exactamente lo mismo sin darse cuenta. Estábamos mi madre y yo un día; nos vimos igual en el terreno, con nuestros vestidos fresquitos arremangados a los laterales de las bragas y en jarras, los brazos en las caderas; nos morimos de la risa y creo que mi abuela también. Pues eso, que sé que están bien, me vienen a ver de tanto en tanto y me despierto sonriendo. Con mi padre es diferente, pero ya lo contaré.

Vale, situémonos otra vez, que se me va la pinza. Ni una semana de enterrar a mi abuela en agosto, saliendo de una guardia, me llamó mi madre: «El *papa* se ha despertado gritando de dolor, que no puede moverse bien, habla mal, ¿qué hago?». Yo, frenética: «Pues, llévalo con ambulancia, corriendo; le estará dando un ictus», pensé yo por los síntomas. La espera de una llamada de un hospital en época de COVID fue, como decirlo bien, una putamerda.

Cuando llegó dicha llamada, nos pudieron confirmar que no era ni un ictus ni COVID. Bueno, a esperar el diagnóstico. Siguiente llamada: al día siguiente ha sufrido un TEP. Como si mi madre supiera lo que es. Es un tromboembolismo pulmonar; trombo es un coágulo de sangre que no deja fluir al resto de sangre correctamente por los pulmones, dejando al resto del cuerpo hecho una mierda. De aquellas era septiembre, sin ola, y dejaban entrar a visitarlos al hospital. Una larga cola cubría el Valle Hebrón, todos ansiosos por entrar a ver a nuestros seres queridos. Mis hermanos, el mayor y el pequeño; sí, soy la del medio, la niña (pillaba cacho, tragaba mucha agua en la piscina; quien entendió, entendió, y el que no, lo pilla). Pues eso, ellos no son muy de hospitales y hacían visitas de médico; el que entendió, entendió y no os lo explico más, es un dicho muy conocido. Mi madre y yo subíamos juntas, aunque nos saltásemos las reglas. En realidad, lo veíamos dormir casi todo el rato y cuando decidíamos irnos, decía: «¿Ya os vais?».

«Sí, papito, volveremos mañana», qué hombre, qué hombre... Nos lo devolvieron a su sillón mecánico, con su habitual seriedad, pasotismo que tiene alguien con depresión mayor crónica. Mi papito fue un hombre que tenía cinturón negro de *tai jitsu*, rompía tochos con la cabeza, tenía lunchacos, espada samurái, estrellas ninja en una casa con tres niños; me meo. A ninguno de sus hijos nos interesó mucho su pasión; nos dejó elegir nuestro camino: los chicos, *hockey* en patines, y fue él quien se interesó, se sacó el título para entrenarlos, y el mío: bailar. Me grabó en todos mis festivales. Mi madre quería que bailara *ballet*, pero yo le dije con tres años: «Yo quiero bailar, pero esa lenta no, la otra». Pobre mamá, aún le quedan las nietas, no desistirá jamás.

¿Ah, dónde estábamos? Sí, mi padre vuelve, y con él la normalidad en una casa en pandemia: trabajo, visitas a mis padres cada vez más relajados todos. ¿Que cómo llegó mi padre a su depresión? También tiene una enfermedad de por medio: la artritis reumatoide, dolor, otra vez el dolor. Supuestamente, no rendía en el trabajo y lo despidieron; se pierde a sí mismo, la medicación lo tiene aturdido. Lo ingresamos en un centro psiquiátrico como amenaza para que reaccionara. Yo tenía veinticuatro, para mis veinticinco, quiero ir a Disneyland París. Mi padre acababa de volver a casa, una amiga importante en mi vida me pide ir a vivir con ella. Huyo con la excusa de querer ayudar a mi amiga. Nunca me perdonaré haber abandonado a mi madre, dejarla sola en el peor momento de mi padre. Fui egoísta y quería ser feliz sin ver los ojos verdes, vidriosos, perdidos en el tiempo de mi padre. Fueron quince años de temporadas donde interactuaba con nosotros. De las peores, cuando descubrió el póker *online*, donde pasaba horas en una silla incómoda (hecho a propósito para que no estuviese tantas horas). A día de hoy no sé cuánto dinero perdió, pero sí sé que un día me llamó nerviosísimo que necesitaba una transferencia urgente, que estaba en el banco. Eran unos cuatrocientos euros lo que le faltaban, pero sobre todo no podía decirle nada a mi madre, se lo prometí; pero a la que mi madre volvió de su viaje soñado, Egipto, se lo tuve que contar: «Mamá, vigila las cuentas, no seas tan Feliciana; te quiere esconder lo que debe». Y un largo etcétera; nunca lo consiguió.

Si intentaba hablar del tema, entraba en cólera; le amenazaba con no darle a ella dinero para la compra. Él controlaba el dinero, tenía una minusvalía por la depresión que la luchamos con abogados, ya que la seguridad social no consideraba suficiente lo incapacitante que es tener dolor. Dolor en donde existe una articulación: vamos, todo el puto cuerpo. Recordáis, padecía artritis reumatoide. ¿Ese fue su inicio? ¿El mío? No, no fue la fibromialgia; siempre he sufrido de cervicales, ¿quién no? Pero primero me destrocé el manguito rotador del hombro, necesité infiltraciones y rehabilitación. Luego conseguí que me hicieran una resonancia de cervicales. Resultado: una hernia discal a nivel C5-C6, protrusiones en el resto, de ahí la debilidad de mi brazo que cargaba y cargaba, pero la hernia se lo impedía a base de dolor. Consigo, con el tiempo, ir a la unidad del dolor del Valle Hebrón; deciden infiltrar en los puntos *trigger*, o como coño se escriba, vamos, en los puntos de las cervicales más dolorosos. Yo les dije que les faltarían agujas. Hago rehabilitación; con el tiempo, yo notaba que, si ya estaba bien de las cervicales, me preguntaba por qué me dolían tanto los pies y las manos. ¿Qué tendrán que ver con las puñeteras cervicales? El agotamiento era agotador, valga la redundancia.

¿De dónde venían esos calambres? Lo comento con mi doctora de cabecera, que es una puñetera santa y tiene una sospecha; me pide analíticas y derivación con reumatología. En mi primera visita, en quince minutos escuchó mi sensación con mi cuerpo: dolor, agotamiento enfermizo; me examina el cuerpín y presiona en zonas concretas donde aullo de dolor. Me entrega unos papeles que dicen bien claro cómo vivir con fibromialgia, hábitos de vida, etc. Mi cara es un poema y me suelta: «No puedo confirmarte aún el diagnóstico, pero léelo con calma». Mi cara de oler a culo es indescifrable. Próxima visita en seis meses.

Durante esos meses me encontraba mejor de las cervicales y me incorporé a trabajar. Duré tres guardias, teniendo que pedir a mis compañeras Nolotil en vena. Tenía un dolor como el de la ciática, un calambre horrible, pero en los brazos. Lloro en el autobús, camino del curro; no soy capaz de trabajar, otra vez la baja. A todo esto, me llaman del Valle Hebrón que cómo estaba de las cervicales y yo dije la verdad, que volví a empezar a estar cargada de dolor y le comenté que estaba a la espera de confirmación sobre la fibromialgia. Al oír tal cosa, dejó de escucharme y dijo que las infiltraciones no eran compatibles con la fibromialgia y me dio de alta de la unidad del dolor por teléfono. Así, VIP, VIP, me colgó. Mi cara de WTF. Con lo que decidí ir a la mutua, que para eso la pagaba; que yo solo me la hice para parir con mis compis (sí, mi especialidad son los recién nacidos y las mamis, el paritorio, la *nursery*). Ni tengo la posibilidad de quedarme ya ni la quiero en mi estado.

Sí, trabajaba en el sitio más bonito del mundo, la sala de partos, hasta que deja de serlo y tienes que pesar a un recién nacido muerto porque tiene que constar en el certificado. Eso nadie quiere hablarlo ni mucho menos pensar que te puede pasar a ti, pero sí siempre existen riesgos, siempre.

Total, me recomiendan una doctora de columna; voy a la primera visita, ya tengo hora con el anestesista. A la semana me piden quirófano para una epidural cervical e infiltraciones en el músculo profundo, guiado con una máquina de rayos x, o yo qué sé. Solo diré: benditas drogas que me pusieron; mi vida mejoró lo suficiente como para dejar de llorar un tiempo. Al fin, diagnóstico de fibromialgia, pero primero, muy rápido, os cuento que llevo toda la vida con episodios de estreñimiento y diarrea explosiva. Después de la cuarta colonoscopia, decidieron hacer una biopsia microscópica de mi mucosa intestinal. Resultado: colitis linfocítica, que es lo mismo que decir diarrea crónica, pero más fino. Toda la vida castigándome porque soy una gordita y yo me provocaba esos brotes; resulta que era mi cuerpo enfermo, no yo. Cuánto autocastigo, cuánto odio hacia mi cuerpo gordo, que ahora miro las fotos y era una chica normal, pero ya sabemos cómo funcionó en los dos mil para las gordas: un infierno.

Desde pequeña he ido a miles de lugares con mi madre para hacer dietas de todos los tipos. He probado de todo: desde pinchazos y descargas eléctricas para «reducir volumen» hasta dietas de cebolla, pollo con piña, alcachofa… Naturhouse, batidos, barritas, pastillas saciantes y captadoras de grasa. ¿Resultados? Alguna vez sí, pero siempre fue temporal. Era una montaña rusa de kilos que se iban y volvían.

Recuerdo con claridad cómo deseaba verme con la cara menos redonda, ya entonces, en plena niñez.

Las mujeres de mi familia, mi madre y mi abuela, siempre me coaccionaban para que fuera delgada, para que adelgazara. ¿Será que ellas también pasaron por lo mismo? Quizá era su propia carga, y me la iban pasando a mí.

Empiezo un curso *online* del Valle Hebrón de la unidad de reumatología fibrocamina, con la mala hostia y el dolor, el no dormir ni dos horas seguidas, levantarme más cansada cada día. Pues el entusiasmo de las charlas de la doctora no me sentaba muy bien, pero yo veía mis vídeos, cumplía los test y los enviaba. Aprendí muchas cosas, no lo negaré, pero también mandé a la mierda tanto positivismo. Hay ciertas actividades que, si tú no decides hacerlas por ti misma, nunca te gustará que te recuerden que tienes que hacer lo aquello o lo otro. Te sentirás mejor, etcétera, y yo pensaba: «¿Qué mierdas vas a saber tú si no eres yo?». Siempre sabes que lo dicen porque saben que te hará bien, pero repito: debe salir de una misma, y en mi caso imaginaréis cuál era mi actitud. Soy negativa de nacimiento, tengo un pero para todo y un «esto no está bien» para todo; soy así. Estoy en ello, mejorar, pero siempre daré mi opinión, aunque no sea del todo diplomática, y si algo me parece injusto, lo diré las veces que sean necesarias.

Pasar por un tribunal médico es una experiencia no muy recomendable si estás sensible, y yo lo estaba, y mucho. Se centra en la fibromialgia y me da una prórroga porque hago la dichosa terapia. Una de las perlas que me soltó fue: «Bueno, ves pidiendo que te reubiquen en el trabajo a no ser que te toque la lotería y puedas dejar de hacerlo». Salí así, triste y llorando; ya sabía cómo sería la dinámica de ese tribunal. Lo pasamos con mi padre; a él lo sacaron de la consulta los de seguridad. Quería matar al doctor; yo también tuve ganas de hacerle daño a la mía, igual que ella lo había hecho con esas palabras tan fuera de lugar, con tan poca empatía. De verdad, se te olvida que trabajas con gente enferma, *mi no entender*.

Sigo de baja, sigo cada mes visitándome en la mutua del trabajo para ver si me curo. Ellos fueron los que consideraban que ya era apta para volver al trabajo; de ahí mi primer tribunal que he contado antes. Quien va a la mutua del curro sabe que sus médicos no trabajan para el paciente; ellos trabajan para la empresa, vigilando que la doctora de la seguridad social no esté mintiendo sobre mi salud. Todo muy normal, nótese mi ironía.

Para mí, ir era una fuente inagotable de ansiedad; sufría constantes pesadillas en las que volvía al trabajo, todo era distinto, no conocía a nadie. Esto es verdad, pues se fue mucha compañera querida; total, me despertaba sobresaltada, con una ansiedad y agotada, agotada de estar agotada por todo: la hernia, la fibro, la colitis y sí, soy también una paciente con hipotiroidismo subclínico que adivinad qué síntomas tiene: agotamiento, correcto. Os he contado que tuvieron que repetirme el pinchazo de lo del brazo, ¿no? Pues otro pinchazo facetario profundo con esa máquina de rayos X, pero no os he contado que te pinchan directamente con un pedazo de agujero en el cuello, aunque merece la pena lo que duele. Pero joder, qué daño. Mejoré muchísimo; ahora vuelve a estar un poco tonta, pero estando como estoy, es lo de menos.

En resumen, estoy siempre de mal humor, cuando yo era la típica que se reía y se giraba medio restaurante, gruñona, sin ganas de nada. Poco a poco me doy cuenta de que no quiero levantarme de la cama; no puedo leer, que me encanta, porque no soy capaz de concentrarme. Ni Netflix me consolaba, miraba sin ver, vivía sin sentir, querer seguir viviendo, pero otra vez me estoy adelantando.

Os sonará que en algún momento he mencionado a mi papito. Pues si en las Navidades del 2020 hubiera sabido que en las del 2021 no lo tendría, le hubiera pedido la receta de su salsa rosa famosísima para el cóctel de gambas navideño, tradición familiar. Lo más gracioso, si es que tiene alguna gracia, es que en la Navidad del 2020 dijo que no nos la daría, que se la llevaría a la tumba y lo hizo, él, muy puñetero. Las Navidades del 2021 no fueron lo mismo sin su salsa, digo, sin mi padre. Humor negro aparte, dicen que aprendes a vivir sin tu padre, pero mi papito no se merecía lo que le hicieron. Ya me centro, perdón. En las Navidades del 2020 faltaban mis abuelos y se nota que no está mi abuela felicitando al cocinero y a mi abuelo teniendo prisa por marcharse a ver sus westerns a su casa. Pero adivinar qué: ¡mis cuñadas nos regalaron unas niñas pandémicas, las llamo yo! Mi cuñi, la del mayor, se puso de parto el día que enterrábamos a mi abuelo, y mi cuñada, la del pequeño, en mayo ya nos había traído a ese mundo pandémico una preciosa niña con más pelo que su padre y la nariz de su abuela. Y ahí estábamos todos babeando como las bebés, disfrazadas de elfos, venga fotos, ahora a mí, mi madre, me toca a mí, bebé para aquí, bebota para allá. Si no fuera por esas hermosas criaturas, hubiéramos sido unos adultos diferentes, pero las sillas no quedaron vacías; las tronas ocuparon bastante la mesa y las tetas al aire, mientras su madre se comía el turrón y yo: «Cuñaa, le estás tirando migas en la cabeza».

La vida sigue y llegó febrero del 2021. Mi madre coge el COVID. En casa de mi hermano mayor también están todos contagiados. En casa del pequeño lo pasó solo él en noviembre del 2020, como asmático no se dio cuenta del peligro que corrió. Vale, en febrero, todo el mundo con COVID menos yo; manda huevos. Yo chupando COVID todo el año y no lo pillo para no ir a trabajar. Mirad si era duro ir a currar. En fin, mi madre intenta que mi padre no duerma con ella, que hicieran cuarentena. Nada, no se pudo. Cuando se infectó mi padre, temblé de escalofríos, un presagio, un pálpito directo al Valle Hebrón. Esta vez no habrá visitas posibles; está en la unidad separada para los covitianos; es un palabro inventado, obvio. Las llamadas son escasas, la información poco concreta. Todo está en ver si mejora o empeora. Con sus sesenta y cinco años, le toca pasar el diecisiete de febrero solo y llegar a los sesenta y seis encamado y con el destino ya escrito en los telares de las parcas.

En Barcelona acaban de inaugurar un hospital preparado para los pacientes COVID, el maldito edificio Garbi. Lo trasladan allí desde el Valle. La misma tarde ha pasado de solo necesitar oxígeno a través de una mascarilla monagan (o como coño se escriba; es una mascarilla con la forma típica, solo que tiene una bolsa que se hincha y deshincha). Nos llaman, bueno, me llaman a mí porque mi madre pidió que hablaran conmigo, que yo entendería mejor lo que estaba pasando. Lo han trasladado a intermedios porque lleva un CPAP (o como coño he dicho antes, como quieran escribirse las malditas palabras de los cojones). Intermedios es una especie de UCI donde están todo el rato monitorizados con el saturador, pulsaciones, etcétera, todos juntitos para facilitar el control de enfermería y/o médicos auxiliares, etcétera. Pues en el caso de mi padre no sé si era un CPAP o un BiPAP; llevaba a uno en su nariz, que según él no le dejaba respirar. Muy surrealista, todo el rato para mantener una oxigenación, saturación un poco aceptable a ojos de calidad del bienestar. Mi padre no subía de ochenta; lo normal en uno sano es 100 %, 98 %. Pasan un par de días; no puedo recordar cuántos, tengo lagunas del estrés, ansiedad, una bruma cerebral de algunas cosas.

Yo era la encargada de informar a mi familia, aunque lo intenté, no entendían la gravedad de la situación. Por fin, no. Al final llega la llamada más traumática, una doctora que parecía muy jovencita. Me explica que mi padre está en las últimas, que no cree que aguante mucho más, que empezarán a ponerle mórficos para que no sufra porque, con su historial médico, al haber padecido el TEP (lo recordáis de sus trombos en los pulmones el verano del 2020), ahora, en 2021, febrero, ya saben más. Como actual COVID, neumonía bilateral y, adivinad, correcto, trombos en los pulmones. Y no superan una intubación, que sería el paso siguiente al CPAP, pero mi padre no tiene esa opción. El comité de médicos ha decidido que mi padre no tiene opción a intentar salvarlo porque ya tienen la suficiente experiencia de muertes similares, ninguna recuperación. Mi única pregunta fue: «¿Me estás diciendo que mi padre no tiene opción a entrar en la UCI?» (en la UCI como tal, donde los sedan, los intuban, aquello de ponerlos boca abajo, la pronación). Nada. Yo: «Vale, lo entiendo». La doctora me da las gracias por comprender lo horrible que me acaba de contar (estaría agotada de esas miles de llamadas a gente que no entendía nada). Vale, aquí, en esos momentos, tengo más niebla cerebral; no sé cómo reúno a mis hermanos y mi madre y se lo explico. Aún no sé cómo ni con qué palabras; ellos tendrán otros recuerdos. Yo solo sé que mi hermano mayor cogía el coche y se iba a buscar a su hija. Yo, descompuesta, le intenté hacer entender que no se entra en ese hospital y, mucho menos, con una niña, que si quería intentarlo, fuera él solo. Vale, lo debatimos y fuimos todos. Yo tenía tan asumido que no nos dejarían, pues llevaba un año viviéndolo, pero como el no ya lo teníamos, pues eso, fuimos. Mis hermanos, hechos una furia; mi madre, desolada. La liamos un poco, bastante, con el de seguridad, que el pobre estaba trabajando.

Exigimos hablar con un médico que pudiera bajar a decirnos a la cara que dejaban morir a mi padre. No recuerdo cuántos bajaron, pero les dijimos que teníamos que verlo. Ellos están en la UCI común, eso, que era un hospital de pandemia, que no se entraba. Nuestro único anhelo era verlo y les preguntamos que, ya que no le iban a hacer nada, por qué no podían ponerle en una habitación solo y darnos los EPI (a estas alturas ya tendríais que saber que son los trajes de protección) y verle, porque aún podía hablar. Nos dicen que no hay recursos, que si no sé qué cuentos, pero al final, como un milagro, deciden que podemos subir, pero que primero tienen que trasladarlo a una habitación y solo podremos entrar dos. Somos cuatro; esperamos en la cafetería del bloque de al lado, en la terraza. Nos llamarían cuando todo estuviera preparado. Cuando a las horas llegó esa llamada, aún no habíamos decidido quién subía. Obvio que mi madre era la primera, pero ¿y el segundo? Yo les pregunté a mis hermanos: «Yo puedo esperar fuera y hacéis videollamada a los de adentro». Mi hermano pequeño, un tío de cien kilos con una espalda y barba de vikingo, desechó en lágrimas como el niño pequeño que es. Ahora él es incapaz; prefiere no subir porque lo único que teníamos claro es que no le íbamos a explicar su estado. No se le dice a un padre que se va a morir y se quedará solo esperando. Yo le digo: «Vale, yo puedo esperar». Mi hermano mayor dice: «Yo no, decidido, sube él». Nosotros esperamos la videollamada, haciéndonos los fuertes. Los saludamos: «Guapo», le digo; «eres mi héroe», le dice mi hermano. Tiene que salir del plano porque no puede sostenerse y no quiere que le vea así. Yo le pregunto estupideces. Él está enfadado porque no le dejan comer; que la próxima vez les hubiéramos traído comidas escondidas en un túper con *sushi*, nada más y nada menos. *Sushi*, como un niño pequeño enfurruñado. (Mi papito se había aficionado al *sushi*, pero pedía del barato, y yo, un día que me quedé con él, le dije: «Vamos a pedir del mío, este ya verás». Se chupaba los dedos con el kilo de wasabi que se ponía. Qué hombre, qué hombre…). Cuando les obligan a salir quince minutos para no estar expuestos y no ser la causa de un brote en algún lugar, en serio, ¿sabéis cuánto tiempo está expuesto un sanitario simplemente para acomodarle, etcétera? En fin, la hipocresía, en serio. En un hospital nuevo, con la última tecnología, con abastecimiento de recursos como los EPI, etcétera, ¿nadie? Nadie del equipo de gerencia, supervisión, médicos pensó en el aspecto humano de darle la oportunidad a quienes no tienen futuro de dejar entrar a sus seres queridos. Eso también es cuidado al paciente, su salud mental. Dentro de un equipo humano, a nadie le salió la humanidad de pensar que ser paciente terminal de COVID, a esas alturas, con esos recursos, ya podían contar con los familiares, porque cuando salieron, ¿sabéis qué EPI les dieron? Un gorro, polainas para los pies, la bata verde que parece de papel y una mascarilla FFP2. A eso lo llamaban desperdiciar recursos y que un celador te acompañara e indicara qué puerta usar y cómo ponerte los guantes.

Falta de recursos tuvimos en la primera ola que nos grapábamos las gomas de las mascarillas porque no había, las rehusábamos más de lo impensable. Llegamos a lavar batas estériles en el esterilizador que quemaba las gomas de los puños de las mangas, todo muy estéril. Y ahora, con un hospital nuevo específicamente construido por y para los enfermos de COVID, el factor humano, el valor de una vida se medía en recursos. Las primeras cosas que son imprescindibles son las personas, también para el paciente en el punto más vulnerable de su existencia; le arrebataban el derecho a una despedida digna. Yo no sé cómo funcionaban esas cabecitas que hicieron los protocolos, pero con nosotros se lo saltaron, nos dieron la razón al dejarnos visitarlo. Se les había olvidado el factor humano. Repito, cuando ya sabíamos mucho sobre el COVID y el hospital estaba blindado para asegurar todos los contactos, si una enfermera desconocida podía pasarse rato con mi padre, porque su familia, con los mismos mecanismos y recursos, podríamos acceder a él durante solo quince minutos, pero benditos quince minutos. Nos dicen que con su estado nos dejarán visitarlo otra vez; yo vuelvo a repetir que puedo esperar y mi hermano pequeño, qué te pasa, ¿es que no quieres ver al papá? Llorando sin entender nada. Yo no le iba a quitar a mi madre la oportunidad de poder, todas las veces que pudiera, subir a verle; era el amor de su vida, creo que no me entendió.

Al día siguiente subieron ellos, mi madre y el pequeño, con toda la entereza que le permitían sus piernas. Los de abajo, videollamada; mi hermano pequeño le enseña a ponerse el Netflix en el móvil, no sé cuántas series llegó a verse. ¡No, no! Maldita sea, no fue así. Ese día el celador que vino a buscarnos vio que solo éramos los tres y, vale, dijo: «Subid todos». Sí, fue así, porque recuerdo la salida de mi hermano hipando desconsolado, que partía el alma; a los que nos cruzábamos, trabajadores, agachaban la cabeza al pasar, no querían mirar esos ojos verdes preciosos devastados. Entonces, sí fue ya cuando me tocó a mí verle, ese cuerpo escamoso. Le daban vasos de zumo, pero no sabía por qué se atragantaba, estaba enfadado, no se le descargaba bien, no sé qué serie, y nosotros, como muñecos disfrazados de trapo, interpretando el peor teatro de nuestras vidas. Vale, creo que el tercer día que vamos ven que somos los cuatro y nos dejan subir a todos, y yo pensé: vaya cambio. Mi madre llevaba una lima porque yo no soportaba esas uñas largas y fue lo que hice: la manicura a mi padre. De pronto, viene una de las doctoras y dice: si puede salir alguien de la habitación, sale mi hermano mayor. Yo sigo a la mía. Al poco, la doctora me dice: Cristina, ¿puedes salir un momento? Y yo, sin saber por qué, cuando descubro que es porque él está intentando explicar al mayor que no había tratamiento posible para mi padre y, además, estaba tardando demasiado en morir. No lo dijo así, pero era eso; habían subestimado la fortaleza de mi padre, su resistencia a los mórficos (ya que él llevaba años con parches de fentanilo más potente que la morfina) y no podían dejarnos subir más. Mi hermano desesperado llegó a preguntar si existía la posibilidad de un trasplante de pulmones. La doctora me miraba con cara suplicante, dijo que ya le gustaría a ella tener pulmones, pero que, aunque los tuviera, no se los podría poner porque tiene un virus en la sangre.

Pobre Tete, con su desesperación consiguió que dejaran al menos solo a mi madre subir, un hito en esas circunstancias. Así que lo último que hice con mi padre fue sostenerle las manos para hacerle la manicura (yo creo que por eso odio verles las uñas largas a mis sobrinas y siempre estoy: «Ven, la tieta te las corta»). Mi último adiós fue: «Besito, papito». Creo que empecé a llamarlo papito cuando lo de la depresión, a modo cariñoso, porque se comportaba como un autómata y quería transmitirle palabras amorosas para que volviera; yo quería a mi padre de vuelta, pero no pudo ser; la vida no lo dispuso así.

Mi madre puede seguir subiendo; nosotros, ya en casa, videollamada con todos los asistentes: mis cuñis, las niñas, un jaleo de mucho cuidado. Hice capturas de pantalla; no sé, sentía que era la manera de reunir por última vez a su familia. Sus hermanos holandeses también le llamaban. Sí, me he olvidado deciros que mi papito es holandés, que se enamoró de mi madre en un *camping* donde coincidían todos los veranos en las playas de Mataró. Amor adolescente, amor adulto, amor en lo bueno y en lo malo, en la salud y en la enfermedad, siempre se amaron. Pocos días duraron las visitas de mi madre; él, cada día, se veía más cansado. Un día, el último, yo ya le vi los ojos, le cansaba hablar y las niñas montaban jaleo, entonces les pedí que callaran y le recomendé ir uno a uno y decirle lo que quisieran. Empecé yo para que entendieran el mensaje: «Bueno, papito, a descansar. La mamá te *dona petonets meus*» (te dará besitos míos) o algo así, no recuerdo bien la verdad, y dije: «Te estimo, papito», toda cantarina. Le dije: «Ara, *un altre*», y así fue, mis hermanos, mis cuñadas, las niñas: «*Petonets, tastimem*» (besitos, te queremos); «héroe», gritaba mi hermano pequeño. Entonces le indico a mi madre que cuelgue ya y que haga ella lo mismo. Ahora sé que mi madre se quitó la mampara, la mascarilla y besó a mi padre por última vez con la misma intensidad que el primero.

Recordáis que creo en los sueños, ¿no? Esa misma noche estoy soñando; estoy en un avión con mi padre. Primero sube muy rápido y luego baja en picado; luego turbulencias. Cerramos las ventanas, las persianas; entonces aterrizamos suavemente en la pista. Fin.

Me despierto descolocada, no sé cuántos minutos pasan, pero me llaman. Yo, impertérrita a esa hora y con ese sueño, ya sabía que me iban a dar el pésame, decirme que hicieron lo que pudieron, pero que había fallecido. Y así, tal cual, una doctora hizo su discurso repetido infinitas veces en ese mundo de pandemia. Yo no quería decirle a mi madre por teléfono; vivíamos muy cerca y fui a su casa y, mierda, no llevo las llaves porque las di a mi cuñada (la que siempre lo pierde todo) y fui a su casa, que estaba aún más cerca. ¿Que por qué no llamé al timbre o al móvil? Lo hice, lo hice, solo que mi madre es sorda, lleva su sonotone en los dos oídos y si está durmiendo del lado bueno, pues no se entera de nada. Total, yo por las calles de mi precioso barrio a las cuatro de la mañana, tengo que llamar a mi hermano pequeño y decirle que mi padre ya no está con vida porque con nosotros estará siempre. Me da las llaves rápidamente y no puedo ni consolarlo; voy directa para casa de mi madre y decidió llamar a mi hermano mayor para decirle lo mismo. Llego a casa de mi madre, me siento en su cama, la arrullo un poquito; se despierta sobresaltada, me mira y no hay necesidad de palabras; ya sabe qué hago ahí a las tantas de la madrugada. Llora con ruido, gritando, y yo lo hago, la acuno, como ella hacía conmigo de pequeña y, aún de vez en cuando, me gusta que lo haga ahora.

Nos reunimos en casa de mi madre para ir en un coche al hospital; entre los nervios estábamos todos un poco fuera de sí. A mi hermano mayor lo recogemos en su casa y, al entrar en el coche, noto su furia; grita: «¡Nos habían dicho que nos avisarían antes de que muriera para despedirnos!». Y yo: «Tete, eso no funciona así, a veces no se puede». Mi hermano pequeño reacciona: «¿Cómo que ya está muerto?». Y yo: «Sí, te lo he dicho en tu casa». Él la había entendido que íbamos a despedirnos; se pone como loco aporreando el volante. El mayor y esa doctora; le dije que quería hablar con ella y yo, respondo inocente de mí: «No hay nada de que hablar». Y me grita: «Tú no eres quién para decirme lo que tengo que hablar o no con nadie». Mi madre gritando: «¡Por favor, parad!». Y lo intentamos por ella, pero podéis imaginar que nos costó mucho más. Silencio incómodo. A mí me arde el cuerpo de la rabia, de la impotencia, porque no me entienden; ¿acaso no lo he explicado con claridad? ¿Es mi culpa que no se pudiera hacer más por mi papito? A veces creo que me rendí enseguida; yo siempre, en mi fuero interno, sabía que mi padre moriría antes de tiempo.

Os he comentado que, mientras se recuperaba del TEP, bebía alcohol. Poquito, pero un poquito más, otro poquito; la medicación con el Sintrom. La enfermera venía a casa, le pinchaba y siempre salían valores alterados; también era diabético y sus pies tenían que ser tratados por podólogos especialistas. Eso sí, no le quiero quitar mérito; dejó de fumar. De todo, quien entendió, entendió. Para ser un hombre que desde los ocho años llevaba un cigarrillo de liar en la mano, no estuvo mal el esfuerzo que hizo.

Yo ahora justo aquí en el centro estoy intentando dejar de comerme las uñas, las de los pies porque no llego, que si no así que me las arranco. Tengo pies de Hobbit, como dice mi amiga, *in sha Allah* consiga esta vez este pequeño gesto que me marca desde mi primer recuerdo. Ni las hostias que me metía mi papito en la mano cuando me la pillaba en la boca, ni cuando, mirando una película, éramos de ver pelis. En mitad de alguna escena gritaba mi nombre asustándome porque tenía la mano en la boca, qué hombre, qué hombre… Y qué padrazo. Se desvivía por su familia. Si algo tenía mi padre como prioridad éramos nosotros. ¿Me preguntáis si hablo holandés? Pues no, todo un fallo estructural en mi casa. Mi padre, entre semana, ni nos veía y de aquellas decían que esperásemos a introducir otro idioma, era otra época. Él lo intentaba cuando nos bañaba, cómo se dice: «Dame un vaso de agua», y nosotros, eh, pues le repetíamos a mi madre que porque el papá nos hablaba raro, así que ese hombre desistió. No éramos grandes alumnos y él, poca paciencia como profesor, tampoco quería perder el poco tiempo en fin de semana que compartía con nosotros. Con uno de nueve, otra de seis y otro de cinco no se puede enseñar una mierda, tal cual.

Bueno, vale, el coche llega al *parking* del hospital Garbi. Tengo un incidente con mi hermano mayor que aún me pesa. Nos íbamos a abrazar mi madre, él y yo, y cuando me uno, noto una mano dura como el acero, como las tenía mi papito, pero era mi hermano mayor quien me apartó y yo me puse histérica, le grito: «¡¿Cómo puedes hacerme esto justo ahora?! ¿¡Qué te echo yo?!». Seguramente estaba enfadado conmigo, pero como en esta familia falla la comunicación, así nos va.

Mi madre corre tras de mí, yo en modo dramático, no, no quería, ella quería volver a abrazarme. De mi hermano no recuerdo su comportamiento, suficiente tenía con conseguir estar de pie. Entramos, nos vestimos y la habitación estaba muy cerca. El camino era corto, pero se me hizo infinito, eterno, pero el más real que he andado nunca. Nos esperaba el supervisor de noche, nos da el pésame, todos le ignoramos. Ya estamos listos para entrar. Lo que no me esperaba es que ya estuviera metido en la bolsa y le viéramos solo la cabeza. Nos abalanzamos para tocarle, teníamos esa necesidad, pero si no has tocado a un muerto nunca te sorprende su frialdad. Como nosotros ya habíamos besado y tocado a mis abuelos, que no hacía ni el medio año casi, fue normal tocarle, acariciarle, besarle en la frente. Esto puede parecer morboso o de mal gusto, pero estamos hartos de ver cadáveres en las noticias sin escrúpulo alguno porque no son nadie. Pero a mi padre se le había quedado la boca abierta y el efecto, el color cerúleo de su piel no ayudaba nada a reconocer a mi papito, un hombre que fue calvo. A mí me lo recuerda Bruce Willis, con su nariz torcida por el cartílago de goma, de las veces que se había roto la nariz en diferentes épocas y disciplinas. En fin, mi madre agarró la sábana y le tapó la boca. Le besábamos en la frente, acariciábamos la mejilla, estábamos todos devastados. A mí me da un ataque de ansiedad (ahora ya soy experta en reconocerlo), pero en ese momento no podía respirar e hipaba raro. Mi madre me intenta consolar, creo, y oigo el ruido de la puerta, mi hermano mayor ya ha salido de la habitación.

Supongo que no soportaba más seguir en esa escena que le debía dar rechazo. No lo sé, nunca lo hemos hablado, no somos muy de comunicarnos correctamente, ya lo he dicho. Nos recomiendan salir ya porque se fijan que nos hemos quitado las mascarillas.

Queríamos darle besos sin obstáculos, nunca serán suficientes los besos que le dimos. En mi casa, desde siempre, si salías a comprar el pan, se le daba un beso a quien estuviera, papa o mama o los dos, aunque en cinco minutos volvieras, repetíamos el circuito de besos. Muy besucones éramos y seguimos siéndolo con mis sobrinas, un *petonet* que se va a la *tieta* y te sacan los morros para darte un pico. Con mis cuñas igual, aunque nos veremos mañana o por la tarde o en cualquier situación. Mis hermanos ponen la mejilla, hombres. Desde la muerte de mi papito parece que son más besucones, algo bueno para nuestra relación, porque de la misma manera los adoro, los tengo atravesados. Hay la familia que no eliges, pero te toca aprender a respetar y querer tal como es.

Salimos del hospital, no sé qué hora era, pero decidimos irnos directos a la oficina de Sancho de Ávila, que ya nos conocíamos al dedillo, las directrices, papeleo, elegir estampita, música, etc. Con mi abuelo, como nos pilló de sopetón, mi madre entró con mi hermano, ¿o acabé entrando yo? Elegimos la estampita, la de un árbol, robusto, hermoso, con la inscripción: «*No es un adéu per sempre, es sols un adéu per un instant*» (no es un adiós para siempre, es solo un adiós por un instante). El hombre que hizo quitar todos los árboles del terreno. Le ponemos la estampita con un árbol, suena irónico, pero le pegaba. La mirabas y podías verle reflejado, qué cosas. Con mi abuela fue más fácil, el mar sereno, pero alegre a la vez. Con mi padre, una rama de cerezo, como en febrero florecen en mi barrio, lo tenemos siempre presente. Los escritos y la música fueron muy fácil con mis abuelos. Con mi padre la inscripción era un poema que tenía mi madre en la cabeza de uno de esos buenos días que se enviaban entre amigos por WhatsApp.

«*Es fa fosc lentament, se encenen llums i es més pausat el batec de la vida*», poema de Martí i Pol. (Oscurece lentamente, se encienden luces y todo es más pausado el latido de la vida).

Con la música fue más difícil. Nos llevamos la lista y nos pasamos la mañana, mi madre y yo, escuchando cada una de ellas para ser muy concienzudas. La elección fue *Imagine* de John Lennon, *Con te partirò* de Andrea Bocelli, y *Las palabras fallan y sé que estás conmigo, tú, mi luna, tú estás aquí conmigo, sol mío, tú estás aquí conmigo, conmigo...*

En el tanatorio nos dejaban estar con mis abuelos, creo que diez personas en la sala. Fuimos nada más abrir, y mi abuelo no era ese señor que había en el ataúd. Estaba con su traje, sí, pero tenía papada, estaba hinchado, y nos avisaron que, según evolucionara, tendrían que cerrarlo. Lo peor no fue eso, fue su pelo: estaba ridículo, con todo el pelo echado para atrás, como un *dandy*, yo qué sé, cuando mi abuelo, mi avi Antonio, fue un hombre de pelo blanco, perfecto, con raya a la izquierda. También habíamos llevado un álbum donde en la portada estaba mi abuela, preciosa, de los años cincuenta, en color sepia, con sonrisa de actriz hollywoodiense, para que él la sintiera presente, ya que estaba en la residencia, ¿recordáis?

Vale, en el de mi abuela ya teníamos más experiencia, y cuando la vimos dijimos que le retocaran el pelo. Ella nunca iba así, era de tal manera que, cuando volvieron a sacarla, mi madre y yo sonreímos y lloramos, y dijimos: «Ahora sí es ella». Para mi padre, como fue muerte por COVID, tapa cerrada. Por eso pusimos marcos con fotos donde todo el que le conociera lo reconociera. Mi hermano pequeño le puso una canción, ¿adivináis cuál? Obvio: *Eres mi héroe*.

Las sala se nos quedaban pequeñas con los cochecitos, benditas bebés y sus ruiditos. Mi tía holandesa, como no pudo venir, contratamos el servicio de grabación del funeral. Podía verlo tanto en directo, por una página con un *link*, y luego también nos dieron en un *pendrive* la grabación, por si alguien no podía verlo en directo. Tendré la copia, muy moderno todo, gracias a la pandemia. Estaba bien montado el chiringuito ese. Para el funeral de mi abuelo, si os digo la verdad, le cogimos un cura porque mi abuela lo hubiera querido así. Mi abuelo era un republicano, ateo, catalán de pura cepa, y un poco racista. Cuando vino el cura para preguntarnos por nuestros nombres, cómo era él, yo no podía parar de mirar esa cara negra como el carbón, con un acento forzado, mala pronunciación, porque sería del Congo, por lo menos. Y yo le dije a mi madre: «*L'avi* no nos perdonará esto en la vida. Entre el peinado y la misa con un cura negro, era todo un poco trambólico». Para mi abuela también fue misa cristiana apostólica romana. Era creyente, pero había dejado de ir a misa. Pero tenía que hacerse su voluntad. La música fue preciosa. A mí me pones un violín y me vibra el alma, me toca una parte de mi melancolía que me emociona. Pusimos casi las mismas canciones con mi abuelo que con mi abuela: *Mediterráneo* no podía faltar, *La vall del riu vermell* y *Roso*. No fui a la última despedida en el crematorio, no me nacía, ¿qué le vamos a hacer? Los demás, con carritos, se fueron, y yo creo que incluso me tocó trabajar esa misma noche, pero no recuerdo con qué abuelo. En fin, perdonádmelo. Al fin y al cabo, estoy escribiendo algo de hace tres años en un centro psiquiátrico, con una medicación que nunca he tomado, y tengo lapsus ya de por sí normales, pues creo que ahora aún más. Aunque algunos detalles tontos tengo grabados a fuego. Por ejemplo, en el funeral de mi iaia, junto al ataúd donde yacía, vino una de mis primas, y yo estaba en modo ON humor negro. Ella decía que, no siendo familia directa con su abuela, que era la cuñada de mi yaya, se parecían un montón. Y salto yo, toda indignada: «Lo que me jode a mí es que, toda la vida estando gorda, tendré que esperarme a morir para verme flaca y, encima, no lo veré». La cara de mi prima era un poema. Pensaría: «Esta se está volviendo loca». Y mira, no iba muy desencaminada yo, toda risueña y ella flipando en colores.

En el de mi padre no había cabida para el humor negro mío. Durante el día que estás en la sala, se ve que se han esforzado en decorarla bien. El que, por desgracia, haya tenido que pasar por ahí a dar el pésame o estar con un familiar, en Sancho de Ávila, está renovado. Las alas no sé de cuándo, pero entras en una y hay un pasillito a la derecha. El baño, con su jaboncito, etc., todo limpísimo, muchos servilleteros. Continúas y enseguida está la salita, con una mesa con cuatro sillas, un armario para dejar prendas y bolsos, y demás. Y una pequeña colección de botellas de agua, zumos y pastitas dulces, cafetera y una nevera. Un sofá y dos butacas, con una cristalera con claraboya, por donde entra luz natural, y dentro de ella una decoración de piedras y plantas verdes, muy reconfortantes, para separar la salita, donde ya, si entrabas, te encontrabas, en este caso, un ataúd de madera, con tulipanes naranjas. Por supuesto, a mi abuela margaritas, a mi abuelo creo que rosas rojas o margaritas, por la yaya. Bueno, la cuestión es que, estando en esa sala, estuve de pie apoyada en el cristal no sé cuánto tiempo. Y sí, lo diré: enfadada. «Qué putada nos has hecho, papito, qué gran putada». Os recuerdo que aún era época de COVID y había límite de personas. Nosotros, estoy segura, nos lo pasamos por el pi... Vino gente de toda clase: amigos cercanos, de todos lados, hubo familia que nos acompañó en los tres casos en todo momento, otros no tanto. Para mí, a mis amigas más íntimas no les dejé venir a los de mis abuelos, no era el mejor sitio. Ellas tenían que cuidar de los suyos, e ir a la funeraria era un punto rojo, caldo de cultivo de COVID. Para el de mi padre me dijeron que iban a venir un día, al menos a presentar sus respetos, y que me callara la boca, que no me harían caso esa vez. Pero, para ser honesta, de lo que me quedé fue de una de esas casualidades de la vida. Yo llevaba un rato diciéndole a todo el mundo: «Era como era, pero lo quería todo el mundo».

Y entonces aparece la madre de mi amiga, con la que me mudé de casa para evitar a mi padre, ¿os acordáis? Pues adivinad qué fue lo que dijo de mi padre. Hacía años que no le veía, pero su hija se había criado con nosotros y yo con ellos. Y dijo, textualmente: «Era como era, pero l'estimàvem (le queríamos), le queríamos, y le queríamos todos mucho». Le di el abrazo más grande que pude y le expliqué que justo era lo que estaba reclamando yo, que era, a su manera, especial y querido en las buenas y en las malas. (Yo estuve mucho tiempo enfadada con él, no entendía su depresión, su indiferencia hacia una familia que le veneraba, que se dejara tanto. Ya sabéis que en una depresión lo primero que dejas es el autocuidado, y te vuelves dejado, incluso marrano. Le chorreaba aceite comiendo, y se limpiaba con la camisa, o directamente no se limpiaba, y yo siempre atenta: «Papa, límpiate»).

El día de la despedida, bueno, en el que ya vas a la sala grande con el ataúd y habla un orador, en su caso, oradora, que fue tan dulce y delicada en su discurso que no quedaron Kleenex para nadie. Nos habían dicho que podríamos hablar o leer algo si queríamos; yo no pude hacer nada, estaba aturdida. Para mi sorpresa, primero salió mi hermano pequeño, que contó lo bonito que fue el romance con ese holandés que iba con chanclas y calcetines y sus pantalones de pana naranjas, y enamoró a mi madre. Lo buen padre que fue recalcó un dicho que a mí nunca me había dicho: «Si vas a hacer algo, hazlo bien». Me sentí un poco incómoda; además, seguía tensa con mi hermano mayor.

Durante una canción, no sé si fue en la de Bocelli *Con te partirò*, me desmoroné enseguida. Me dio un ataque de ansiedad, no podía respirar; creí que iba a desmayarme. Entonces, justo mi hermano mayor, que le había tocado sentarse al lado mío, me cogió de la mano y pude respirar y apoyarme en su hombro; era lo que necesitaba en ese momento y pude seguir con el velorio y el funeral más entera. Y otra vez, la casualidad alcanza límites insospechados: mi hermano mayor también salió a leer y contó exactamente lo mismo que ya había leído mi otro hermano, pero esta vez él lo hacía en catalán. Parecía hecho adrede, pero nada más lejos de la realidad; ninguno sabía lo del otro. Y otra vez ese dicho: «Si vas a hacer algo, hazlo bien», o «termínalo». Ahora tengo dudas, pero a mí no me sonaba en ningún recuerdo. Ahora me gusta pensar que es porque a mí no me hacía falta ese comentario, puesto que soy perfecta y él ya lo sabía, o al menos sabía que lo intentaba con todas mis capacidades. Que se desvivía por su familia, todo el mundo también lo sabía, con ejemplos tontos, lo de hacerse entrenador de *hockey* sobre patines para sus hijos y compartir con ellos sus aficiones, como el detalle reflejado en todas las cintas de vídeo VHD pasadas a CD para poder reproducirlos. Tenía grabados absolutamente todos y cada uno de mis festivales de música de baile, primero los de gimnasia rítmica, que dan vergüenza ajena, pero tenía seis años y era muy mala con la cinta, con el aro y la pelota; y luego los de jazz, ahí bailaba ya mejor: las Spice Girls, los Backstreet Boys, puro talento.

Sigo, que me voy por los cerros de Úbeda. Mi hermano mayor tampoco supo llevar muy bien la depresión de mi padre, puesto que ellos habían tenido una relación distinta. Cada uno de sus hijos la tuvo con él. Hasta hacía timbas de póker con sus amigos, los de mi hermano, y se fumaban uno que otro cigarrillo de la risa. A fin de cuentas, es holandés. Yo era su niña y, según cuenta la leyenda, se quedó calvo de llevarme a mí de caballito y le tiraba del pelo. Y el pequeño fue un inesperado enano cabezón con gafas redondas que nos llevaba a todos por el camino de la... Justo el pequeño fue el que más sufrió ver a mi padre al llevarlo a un centro de día donde lo obligaban a hacer cocodrilos de papel. Creo que mi hermano en esa época estaba muy deprimido, no salía mucho de casa y nunca se lo pregunté porque en esa época no nos hablábamos. Ya sabéis, en cada familia, si rebuscas un poco, encuentras mierda.

Con mi padre, esta vez sí que voy al crematorio en Montjuïc. Nos hicieron esperar un poco y entramos en una sala redonda con la cúpula redonda, todo de madera, una pantalla con imágenes preciosas de ríos bravos y bosques frondosos, con un hilo musical muy fino y conmovedor, apaciguando las últimas despedidas. Yo voy haciendo fotos con el móvil para mi tía holandesa; no quiere perderse nada y yo quiero que sienta que estuvo allí. Cogemos flores de los jarrones y cada uno la deposita en el mármol por donde sube el ataúd. Le despedimos en voz alta y contamos alguna que otra anécdota que para otros estaría fuera de lugar, pero nosotros estamos cómodos. Nos apoyamos en el mármol, tocamos el ataúd con la mano que antes había recogido un beso de nuestros labios. No sé cuánto tiempo, pero ya empieza a bajar para pasar por el crematorio. Ahora es un llanto lastimero, gotas que brotan solas, resbalando por las mejillas. Alguien pide un Kleenex; otro también. Es la fiesta de los mocos que aparecen tras las lágrimas saladas y nadie los quiere como invitados, pero ahí están. Al crematorio podemos ir cuatro, pero yo no sé muy bien por qué; me quiero evitar esa escena. Me he quedado muy en paz y creo que lo de abajo no lo necesito. No recuerdo quién bajó por mí; me quedé fuera con los pocos que éramos, haciéndole fotos a mi tía. Una fuente que brota agua, modo lento, pausado pero continuo, como la vida misma.

Sí, tampoco recuerdo cuántos días pasan hasta que nos traen la urna al cementerio de Sant Andreu (un favor grandioso que nos hizo un vecino que trabajaba ahí y una amiga de mi madre que también pidió favores a los servicios fúnebres) porque en pandemia tendríamos que haber ido nosotros a por ella y nos las trajeron a nuestro cementerio. Sí, ahora es nuestro. Ya era nuestro desde hacía bastante; es más, estaba ya una lápida con el García de mi abuela y el Cors del de mi abuelo, y dos San Pancracios (el santo del trabajo). Era tanta la necesidad que teníamos que mi abuela los había puesto ya, aunque aún no hubiera nadie dentro. Tuvimos que cambiarla y poner el primer apellido Van den Camp y que la piedra y letra fueran parecidas a la que ya había. ¿Cuál elegiría una yaya como la mía? Pues la más cara; pues esa que remedio, no la quería en mis sueños refunfuñando. Colocan las flores, algunas ya me dio pochas, con esas cintas con sus anuncios de amor infinito. Ver a los trabajadores desmontar para montar con cemento, su cuña para clavar, etcétera, es de lo más ridículo. Mi madre sujetaba la urna tan fuerte, bueno, la bolsa donde iba la urna, que tenía las manos blancas de tanto apretar. Somos los que somos y lloramos esparcidos; mis hermanos tienen a sus parejas, mi madre no sé en quién se apoyaba, pero ha sido una de las veces en que más sola me he sentido en mi vida.

Ni mi madre ni yo nos hubiéramos imaginado que somos de las que va al cementerio con bastante frecuencia. Engalanamos los laterales con las flores artificiales más bonitas de todo el cementerio. Tenemos uno de los San Pancracio dentro, escondido con una especie de redonda decorada con flores y piedrecitas blancas. Lo más importante: el cartel de mi sobrina hecho con purpurinas que pone: «T'estimem, avi», y lo último, un jarrón esbelto con arena blanca y naranja con dos tulipanes artificiales. Dicho así parece sobrecargado, pero ya os digo yo que no, que tengo un criterio y gusto exquisitos. Ah, también hay el otro San Pancracio vagando en un nicho colindante al nuestro, con un jarrón de una figura de mujer estirada, donde le ponemos las flores que hemos cambiado porque cree mi madre que también era nuestro. Y digo yo, mi abuela ya nos tenía hasta la decoración preparada como si fuéramos unos dejados; pues se equivocó de lleno.

Delante de las lápidas hay unos setos donde hacemos coincidir que desde su nicho vea directa las flores que traemos: margaritas, tulipanes, mimosa y un gran etcétera, etcétera.

He ido sola al cementerio. Una vez que salía del Valle de Hebrón, de la unidad del dolor, donde había estado esperando con él sus visitas, ahora iba yo y necesitaba ir. Era un día de esos que me gustan. El cielo despejado, con viento frío y el sol que aún calienta la cara, tan temprano que no ves ni a los trabajadores. Coloco un ramo de flores secas en nuestro jardín. ¿Os he contado que a veces ponemos alguna canción como para comunicarles lo mucho que los quisimos y seguimos haciéndolo? A mi padre, Over The Rainbow; canciones de los Bee Gees; a mi abuela, alguna jota de enamorados mediterráneo de Serrat, etc.

Hay dos canciones que me llenan la cara de agua salada al instante. También recuerdo, gracias a Instagram, que le escribí un poema justo unos días antes de su muerte, con los cerezos de fondo, y decía así:

Los cerezos floreciendo están

pero su mirada se empieza a enturbiar

y siento que me desgarro por dentro

gritando en silencio porque

sin él no quiero estar.

Hubo una canción que me sobresaltó el corazón, en una *story* de Instagram, de una amiga de mi madre que para ella es hermana y para mí, una segunda madre. Tatuadas como estrellas que son, en mis costillas, como recuerdo del mejor lugar del mundo: el desierto de Merzouga, donde dejé mi *kalbi* (mi corazón), pero esa es otra historia.

A lo que iba: una letra que representa todo a nuestro alrededor, donde alguien puso música a esas palabras que penetran en tu mente y retumban, porque es tan real que por eso duele más cuando la escuchas. Dice así:

Una luz se apaga y lloran cuatro personas,

un alma se marcha y a su gente lo añora.

Todos quisimos despedirnos

cuando llegó la hora,

pero no todos pudimos

y por ellos hablo ahora.

Queremos que sepas que aquí

todo el mundo te echa de menos,

que sepas que sabemos que estás ahí en el cielo,

que sepas que algún día volveremos a vernos

y ya solo habrá alegría,

ya no habrá sufrimiento.

Que sepas que todos siempre te recordaremos,

que aquí nadie te olvida

y que todos te queremos.

Puedes estar tranquilo,

puede pasar el tiempo,

que a toda tu familia

aquí la cuidaremos entre todos.

Y hasta el día de hoy así ha sido. La canción es de Radio Macande; espero que sepan que sus palabras son consuelo para mí y les doy las gracias por ser puros y reales. La otra canción que me pongo en bucle y no puedo más que mojar la almohada es de Rozalén con Silvia Pérez Cruz; espero también sepan que dan voz a mi yo interior. Dice así:

Quan l'arbre de la arrel i el cel

va pujant a poc a poc,

s'enfila l' il·luminat estels,

abraçant tot el meu dol.

Ai pare, que m'abraçes fort,

amb el vent i sense cos,

recordant cada mirada

sense port i sense estada.

Jo testimo amunt i amunt i amunt.

Ai amor, no estaràs sol.

Cuando el árbol de la raíz y el cielo van subiendo poco a poco, subiendo ilumina estrellas abrazando todo mi duelo. Hay padre que me abrazas fuerte con el viento y sin cuerpo, recordando cada mirada, sin puerto y sin parada. Yo te quiero arriba, arriba, hay amor, nunca estarás solo.

No em deixis pensar en dolor,

jo et ploro perquè t'enyoro,

però em fa somriure, m'ajuda a viure

aquesta camí i aquest destí

que ens ha fet família.

No em deixis pensar en dolor,

jo et ploro perquè t'enyoro,

però em fa somriure, m'ajuda a viure

aquest camí i aquest destí

que ens ha fet família.

No me dejes pensar en dolor, yo te lloro porque te extraño, pero me hace sonreír, me ayuda a vivir este camino y este destino que nos ha hecho familia.

Les plegaries, reflexions i tants petons

regaran tots els racons

dels meus dubtes i il·lusions.

Fa tants anys que ja no et trobo;

els teus fruits son plens dels buits.

Ara et canto i ja no et ploro.

Las plegarias y reflexiones y tantos besos regarán todos los rincones de mis dudas e ilusiones. Hace tanto que no te encuentro; tus frutos están llenos de los vacíos. Ahora te canto, ya no te lloro.

Quan l'aire de la fred i el sol

va pujant a poc a poc.

Jo t'estimo de debo i et ploro;

vull cantar tot el meu dol.

Quan l'arbre del record i el dol

va florint de sol a sol,

m'esgarrapo aquest dolor i celebro

vaig sentint

amor del bo.

Cuando el árbol del frío y el sol van subiendo poco a poco, yo te quiero de verdad y te lloro. Quiero cantar todo mi duelo y cuando el árbol del recuerdo y el duelo va floreciendo de sol a sol, me araño este dolor y celebro que voy sintiendo amor del bueno.

Son incontables las noches que os he escuchado. Yo sigo intentando vivir con esa premisa: que del dolor me surja el amor que necesito por mi familia.

Otra que también les pongo, porque te quiero, porque me sale de lo más profundo del alma, a mis abuelos como símbolo de su época y amor forjado en las verbenas del barrio. En cierto modo, es precioso que la letra de una persona describa tan perfectamente cómo te sientes; te ahorra el trabajo de deshacer ese nudo que te aprieta la garganta cuando todo lo que te está pasando te desborda como un río en una crecida, devastándolo todo.

Ya sé que voy y vengo del pasado, y al presente o pasado más reciente, y hasta yo ni me entero de dónde estoy, pero hoy hace cuatro días que me dieron el alta de la unidad de agudos de psiquiatría del Palau, como yo lo llamo.

No hemos parado; mi madre y yo íbamos llenando de citas médicas toda la semana, todas las que llevaba años posponiendo: recados, arreglos, compras, gastar dinero en plantas y arreglar mi balcón, que me encanta ver verde y con flores en mi hibisco, que me regaló mi tía holandesa un verano y aún sobrevive, no sabemos cómo. Preciosa con su flor roja. Total, que ordenando cosas en la cocina, me he quedado con un cuadrado de cerámica que pegaba más en la mía. Cosas que pasan. Total, que al abrir un armario donde quería meter una caja metálica de esas que no uso, pero me gusta tener, ha salido la famosa bolsa, la bolsa con la que pensaba demasiado a menudo, con la que sería muy fácil hacerlo. Tenía pastillas de sobra, y con las que pondría final a tanto dolor, sin explicación, de una manera suave, creo yo. Pero tengo tan mala suerte que seguro me hubiese salido mal y me hubiera convertido en la niña del exorcista y acabó con una limpieza de estómago en el hospital. Nunca creí que lo haría, pero me daba miedo que lo pensara tanto. En plan saliendo de un conflicto agotador, decir: «¿Qué necesidad?». Los budistas dicen que la vida es dolor y sufrimiento. Son listos, y yo tenía al alcance, al alargar un brazo, coger la bolsa y tomarme las pastillas, empezar y no parar. Pero otro pensamiento muy recurrente era el de: «No le puedes hacer esto a tu madre». Otra posibilidad era para cuando me falte, y así sería posible volver a esconderme en mí. Para atenuar tanto dolor tan incomprendido y que me queda una vejez sola, enferma y siendo una carga para la poca familia que me queda.

Ahora sé que nunca lo haré porque mi madre se ha llevado la bolsa. Je, je, je. Qué inocente, pobre. Justo con la medicación que tengo ahora, lo tengo igual de fácil, pero estas me las tomo en orden y, de momento, no me siento más feliz porque la felicidad en sí no existe como tal. Son los pedazos de recuerdos vividos en los que pudiste sentirte feliz; pasar un día y, al recordarlo, volver a sentir esa felicidad, pero nada más. Vivir con la premisa de que en cada día puedes encontrar un pedacito de esa felicidad debería ser suficiente para seguir hacia adelante, pero señores, eso es una falacia para gente como yo, como con mi padre, que estuvo con sus períodos de interactuar y de tener un ojo mirando al vacío. Con su primera nieta tocó bruma depresiva, no le hacía ilusión cuando le obligábamos a cogerla en su regazo, con otras de sus nietas. Los regalos pandémicos sí que se los miraba y las quería coger. Pero da rabia saber que es una enfermedad tan difícil de tratar médicamente y psicológicamente, desmonta a las familias.

Mis padres tienen un círculo de muy buenos amigos (otros demostraron que no tanto), le cuidaban y hacían piña con él. Salen a comer y se sientan hombres de un lado y mujeres del otro lado de la mesa. Cuando no quería salir con ellos, mi madre a veces le dejaba quedarse en casa y ella no perdía nada. Y él, al salirse con la suya, como un niño pequeño. En esas pequeñas trifulcas, mi madre no soportaba ver que, por ejemplo, el póker *online* sí estaba bien, pero salir con los amigos decía que estaba mal. Mi madre no soportaba que pudiera pasarse todo el día en esa silla y no le doliese nada, y, en cambio, para hacer vida social decía que le dolía todo el cuerpo. En esas ocasiones era frustrante y agotador.

Yo he tenido vivencias con mis padres, en un sentido cómicas de lo ridículo, y otras que me violentaban un poco, bastante. Mi padre adoraba ir de vacaciones a Menorca, su paraíso terrenal, donde su sonrisa era desbordante, le brillaba la mirada, disfrutaba. Yo compartí momentos inolvidables en sus aguas, en sus puestas de sol, los vi felices, pero un año al que fui, él no podía ya nadar bien y se enfadaba, y ya no quería ir a la playa. Entonces nosotras íbamos y él ya vendría para comer y así hacíamos. Una mañana mi madre le pregunta: «Oye, ¿dónde está tu neceser con las pastillas?». Él responde: «No las he traído». Y nosotras: «¿Estarás de broma? No puedes dejar ciertas medicinas de golpe». Y él gritó: «¡No voy a tomarlas más, joder! ¡Que no se me levanta!». Yo, sin saber qué decir, pues mis padres en Menorca habían ejercido el fornicio en todas sus playas; esperaban a que se marchara la gente, incluso luchando por la playa con otra pareja, y los otros se rindieron, así que mis padres tenían su playa favorita para ellos y así agitar con su amor hasta el mar.

Una confesión así perturba a cualquier hija, pero me parecía buena señal que quisiera seguir siendo el mismo con mi madre, pero la medicación se lo impedía. Pero no valía esa preferencia; la medicación es vital, puesto que el temperamento de mi padre se descontrolaba si no le vigilabas.

Os preguntaréis si todo eso me traumatizó, ¿cómo te has dejado arrastrar hacia la misma falta de querer seguir viviendo con los que comparto mi vida? Porque la cabeza es muy puñetera y no es elegir; te viene como cuando crece la marea, que si no prestas atención, y aunque la estés mirando acercarse, se te moja la toalla. Y viviendo en una niebla espesa cerebral, cuesta mucho que se seque esa toalla. Por eso digo que todos sus hijos tuvimos experiencias distintas con mi padre. El mayor no lo entendía; yo le trataba como a un niño y el pequeño cayó también en una depresión. Todos hemos salido de esa etapa traumatizados y ninguno sabe del otro porque no hablamos. Claro, nos escondemos en nuestras experiencias y nos falta empatía por todos los poros de nuestra piel.

Mi madre, una luchadora para mi parecer, una madre y esposa convencional normalita, le permitía ciertas licencias porque lo quería a morir, aunque ya no fuera, algunas veces, el marido a quien amaba y para nosotros, el padre que nos adoraba y adorábamos.

Estoy en mi casa, no puedo dormir, aunque tome medicación para aturdir elefantes, entre los pipís y el calor con la humedad de Barcelona. Aquí estoy con el ventilador en la cama y mis gatos mirándome raro. ¿Qué pensarán? La Karen se nos ha vuelto majara de verdad.

Quiero hablaros de mis gatos; sí, me apetece. Recientemente, desde que salí del centro, que por cierto echo de menos por su aire acondicionado, mi gata de acogida, que al final acabé adoptando, se me está poniendo malita y estoy a la espera de que se pueda resolver o mantenerla en un estado donde no sufra. Con medicación, a ella la cogí de un refugio; se me tiró en plancha a los pies nada más abrir la gatera para darles chuches a todos y conocerlos porque iban a tener que convivir conmigo y mis otros dos gatos que son familia. Yo tengo a la mamá y un hijo, el rubio, y mi hermano mayor, los otros dos hermanos que ahora son unos adultos tan diferentes como nosotros tres.

Decido llevarme a la gata que me enseñó la barriga. Sabréis que eso es superdifícil de ver en un gato en un entorno de estrés, pero ella se vendió bien. Con los años y la mala racha que estaba pasando, decidí adoptar a un bebé. Esta vez me tocaba ser mamá gatuna, ya que humana, ya no entraba en mi nuevo futuro. Quería uno negro porque en mi casa e infancia siempre hubo uno, y porque quería mi propia panterita, la cual me está obligando a tirarle su pez y me lo devuelve una y otra vez, así, inagotable como el adolescente que es. Nueve meses ya, y pensar que llegó con dos meses, hecho una bola de pelo que maullaba poco. Los que sabréis de gatos no me fulminéis, tiene una explicación: me lo llevaron de tan bebé. A su madre iban a esterilizarla y no podía dar pecho, y ya comía comida húmeda. Así que, con la organización sin ánimo de lucro Advammoncada, decidimos que, si yo había pasado el test, si mi casa estaba vallada, y cumplía con el carnet de vacunas, esterilización, por supuesto, que me lo podía llevar ya. ¿Y para qué seguir con su casa de acogida? (Que no hay mujer que represente a la loca de los gatos mejor que ella; los cuida a todos y también me abrió la puerta de su casa como si fuéramos amigas, me enseñó a su familia numerosa).

Cuando entré a ver a los bebés, salió mi voz de pito, más aguda que tengo: ¡qué preciosos bebés, todos panteritas! Elegir fue muy fácil: al único que estaba despierto y me miró directo a los ojos hizo una «imprimación» de lobo conmigo. ¿Que no sabéis qué es una imprimación? Pues no tenéis sitio en este capítulo. Así que pasé de verle y conocerle y amarle, que al día siguiente ya pude llevármelo a mi casa. Hice una adaptación lenta; el ritmo de cada gato es importantísimo. Tenía una habitación para él con su camita, juguetes, comida, todo el set: arenero, agua, mantitas. Abría la puerta para que lo vieran y olieran al nuevo miembro. No negaré que tenía miedo porque con la camorrista del refugio me la lio un poco.

Con mi guapa, es que las mujeres… Ahora quien sustituye al juego nocturno de Binx es la guapa y sus cabezazos. Es una señal gatuna que te den un golpecito con la cabeza, amigable, cariñoso, para decirme que me quiere y que soy de su manada. Qué cosas. Veo a mi Munny, la adoptada, más bien tirada en el suelo, que aunque esté durmiendo tiene una respiración agitada. Tiene una cardiopatía. Ya veremos; no sé muy bien cómo me irá en mi nuevo estatus de loca a secas. ¿Saldrá mi loca de los gatos y será fuerte? ¿O me arrastrará a esa tristeza que ya solo conoce quien ha crecido con animales y los ama más que a otras personas?

Vale, después de contaros que soy una Karen y a mucha honra, llevo tatuados unos bigotes de anillo en el dedo del compromiso. Tengo sus siluetas representativas en mi espalda. Y al gato más grande de la tierra, que tengo tatuado, es un león cavernario cabalgando con Ayla, su amazona. Amiga, una Karen de libro también. Desde aquí reclamo que se planteen producir los siete libros en una saga, *El clan del oso cavernario*, un *best seller* que se escribió cuando yo aún no había nacido, en 1980. La saga *Los hijos de la tierra*. Sigo sin perdonar a Jondolar; no han cambiado mucho los tiempos, la verdad se ha dicho. Pues eso, escuchadme bien, digo, leedme bien, Spielberg, James Cameron, ¡aún podéis hacerlo!

No sé si esta parte tampoco os va a interesar, pero como niña gorda (que ahora todos sabemos que existen diferentes corporalidades), pues bien, creciendo en un entorno hostil hacia lo gordo, llamado ahora gordofobia de muchos tipos, la mía fue más familiar. En el colegio había otras más gordas a las que atacar, humillar, y obvio, yo no haría nada; quería seguir perteneciendo a mi grupito de pardillas, en el mejor sentido. Cuando crecí, en los dos mil, fue terrible; la talla cuarenta y dos era el máximo. A los trece años, ¿cuál es mi talla? Correcto, la cuarenta y dos. Ahora he ascendido a un grupo de malotas, fumamos a la salida y en el colegio. Yo solo era un bulto más, la gordita simpática; ese era mi papel, que me permitía ir con ellas y que no se metieran con mi culo. Pero por la calle, un grito que me dolió de un grupo de chicos fue el mítico: «¡Con menos culo también se caga!». En esa época estaba estreñida y lo que sufrí. Entonces, a los veinte podía salir sin ser vista, ya que me pasaba la noche en el baño en la discoteca (os acordáis que tengo colitis linfocítica y hasta mis treinta y dos años culpaba a mi cuerpo; en fin). Pues eso, salir desapercibida pero presente.

Con el tiempo, en el curro, me junto con la mejor del curro. Siempre me habían gustado los tatuajes, pero ¿cómo en mi cuerpo gordo iban a quedar bien? Tuve la suerte de que mi amiga y compañera, ya tatuada, me animó. Me hice primero el que más ilusión me hacía: mis dos primeros gatos entrelazando las colas en un corazón, en la espalda. Total, que me enganché; a día de hoy se me olvida cuántos llevo, y estoy más gorda que nunca. Justo ahora, sí lo estoy. Antes era una niña criada bajo las presiones de la sociedad de mi abuela y mi madre, y ahora soy una gorda empoderada que no le da la gana llevar sujetador (lo odié el primer día que me lo pusieron). Es la prenda más incómoda, después de unas bragas que se las come el culo. La que entendió, entendió; después va el sujetador para hacer deporte, que es que duele más llevarlo que correr sin él. Otras prendas que odio son las que marcan el sudor. Yo soy una camacho, vamos; me suda todo. Según me hago más mayor, sudo incluso en invierno; muy chachi todo. Y eso sin encontrar tiendas con mi talla actual. Entenderéis la mala relación que tengo con la comida, la ropa y mi cuerpo. Ah, no, sí que no. Como con todo, lo respeto, y hay días que lo quiero y otros que no. A eso creo que se le llama el *body positive* neutro. No lo odio porque, como dice la vecina, la rubia (yo tengo unos señores muslos y piernas que parecen columnas de mármol), mis piernas me llevan a todos lados, y solo por eso las quiero y respeto. Mucho odio no le tendré a mi *body* si en la playa llevo la braga más pequeña y *topless* desde hace mil años, tengan el tamaño que tengan y cuelguen o reposen en mi nueva barriga. Y un gran etcétera.

Ya hay muchos libros de gente gorda a quien le jodieron la vida y ahora somos una comunidad que nos reconforta saber que no estamos solos. Ojalá hubiera tenido yo los ejemplos de ahora: cuerpos y colores distintos. Anda, mira, una gorda en un anuncio; ¡lo flipo! Y es tristísimo que en 2023 eso me haga flipar. Voy, me centro, lo prometo, juramento de *girl scout*.

Estoy aquí en casa, pero empecé a escribir con lápiz en el centro. Tuve una revelación; tenía por fin el tiempo y las ganas de escribir. En principio, mi libreta era para poner y anotar las cosas buenas del día, las malas, tareas de terapia.

Pero una vez que me pilló mi madre con el peor ataque de ansiedad de los que había sufrido, me llevó derechita a urgencias de psiquiatría de una clínica que teníamos cerca de casa, pero no atendían sin cita. En el mostrador, para cuando me daban cita, yo dije: «Ya no estaré viva para entonces». La chica se asustó y nos dio un papel donde salía el centro que tenía urgencias psiquiátricas, pero solo atendían hasta las siete y eran las seis. Teníamos que coger un taxi, no pasaba ninguno; estarían todos a la *caza* de turistas. Estaba agotadísima, reventada. Le prometí a mi madre que al día siguiente, de la que me levantara, iríamos. Lo aceptó a regañadientes; ni le dejé quedarse a dormir en mi casa (bueno, su casa, la de mis abuelos) porque si no estaría más nerviosa y no dormiría. También lo aceptó.

Al día siguiente fuimos, pido una cita de urgencia, me atiende un doctor, y entre el ataque de ansiedad, que medio hablaba bajito, yo le respondí a todo: «Creo que sí». Y entonces salí de la consulta con una pastilla en la boca y a esperar que viniera alguien a buscarme de la unidad de agudos de psiquiatría. Salgo hecha un mar de lágrimas y mocos (putos mocos) y mi pobre madre no entiende nada de lo que pasa. Le pido perdón mil y una veces, le medio explico que me quedo para darme un tratamiento de siete días endovenoso (directo a la sangre, para ser más eficaz) que me hará sentir mejor. Y ella: «¿Pero? ¿Adónde vas? ¿Te quedas?». Pudo acompañarme por dentro del edificio. Una vez allí, las palabras casi susurradas de los trabajadores: «Tranquila, estarás bien, te cuidaremos y saldrás mejor». Yo les dejo el brazo para tomar la tensión. Eso bien; estoy a 108 pulsaciones; para mí, que lo normal en mí es 58 aprox., 108 es una burrada. Le digo a mi madre que tranquila, que me perdone una y otra vez, y sigo haciéndolo. Ahora ya sabe qué tiene que decirme: «Te perdono». Todos los días se lo dije ayer, abrazadas en el agua, como si yo fuera un bebé, ahorcajadas, abrazándonos como nutrias para no separarnos nunca. Me decía: «*No diguis aixo*» (no digas eso).

Son las dos de la mañana y escribo para relajarme porque se está cosechando otro malentendido entre mis hermanos, y nosotras siempre en medio, mi madre sin saber cómo gestionar esta nueva crisis de convivencia. Y yo, que justo estaba levantada al pipí de las dos, he visto fotos y vídeos de mi sobrina en la feria, y luego ha llegado el conflicto de convivencia que, para unos que no nos conozcan, dirán que son chorradas, pero en mi familia es una tensión de cara a todo lo que queda de verano, muy difícil de conciliar, pues las dos partes, en políticas de guerra, las llamaríamos, están con el equipo de combate preparado detrás de las líneas enemigas, y no sabemos quién va a ser el diplomático que se retire o haga una tregua o esté listo para el contraataque. En alguna página anterior puse lo de que la familia es la que te toca, y yo no reniego de ella, pero en estos momentos me lo podrían poner más fácil. Absolutamente, todo lo que pasa a mi alrededor me afecta de una manera que agrava mi ya de por sí ansiedad. Pero no ven más allá de sus propios agravios; como familia, ha habido envidias, celos, errores, confusiones por no hablar claro, y ahora el punto de unión es mi madre, y ella no sabe gestionarlo. Es muy doloroso para ella ver que sus hijos, en diferentes etapas, hemos estado o estábamos enfrentados con la ley del silencio (que no nos hablábamos unos con otros).

No somos ejemplo de nada; todas las familias tienen mierda escondida, y quien sienta que no, olé por ellos. No es mi caso; yo, entre ellos, no puedo meterme, debo ser suiza, porque me conozco y no saldría nada conciliador de mi boca. Puedo ser dura y atacar donde más duele, o puedo estar tan sensible que no me salgan las palabras y me ahogue en mi llanto, o puede ser del silencio de donde las lágrimas caen solas por las mejillas. O puedo estar tan rabiosa que lloro con la impotencia de no poder sacar nada coherente, y esas son lágrimas directas, rápidas; no se deslizan, gotean incesantes, sin interrupción, hasta juntarse con los mocos. ¿Qué obsesión tengo con los mocos? Pues sí, me fastidian mucho, no son bienvenidos a este drama; no pintan nada, solo molestan más al pobre desgraciado, dolor de garganta, de la boca del estómago cerrado, que se cierra en un nudo, ya sabéis cuál, que aprieta tanto que hasta te asfixias, y duele. Duele vivir así en constantes batallas estúpidas de egos y falta de conciencia emocional, falta de empatía, de intentar evitar los conflictos en la medida de lo posible. Nos tendrían que dar clases de estas maravillosas claves, no religión, no en latín, una clase de ética moral, respeto por el diferente, por el respeto, aunque no coincidas en el proyecto de vida de miles de personas. Etc. Que me voy, que me lío, pero igual aquí también voy a dejar mi superconsejito del día: la integración de sordos. ¿En qué momento a nadie se le ocurrió integrarlos en las escuelas para que estén dentro de nuestra sociedad sin limitaciones? Ellos no eligieron ser sordos, pero nosotros sí somos conscientes de que hemos elegido dejarlos de lado. ¿Qué se busca en la vida en un mundo ruidoso y egoísta?

¿Por dónde iba?

Me obligan ya a entrar en el psiquiátrico. Suena duro para alguien que ya vivió el ingreso de su padre como una ofensa; ahora ingreso yo. ¿Tan poco nos quería para evadirse así de su vida? Y es que, queridos míos, la vida no funciona así. Mi cerebro había colapsado por querer mantener mis emociones al margen y cuidar de mi madre. La razón de mi ingreso, la razón de mi existencia es un mundo que se me volvía hostil, con un futuro incierto, pero seguro doloroso, con rescoldos de problemas pasados, autoestima nula, negativa en vena, quejica en no callarme todo aquello que veo injusto. No puedo escribir bien con una mano y la otra rascando las orejas de mi señora gata guapa, así que me despido. Las putas cuatro de la madrugada me va a despertar el puto pipí de las siete. En fin, la vida.

Estoy releyendo lo de ayer, y si habéis entendido algo es que sois genios, porque se me va y mucho. Dato curioso: si se os ha escapado, tengo cuatro gatos, soy soltera por nacimiento y vivo sola. No ayuda mucho saber que estás en la mierda, y soy tan buena actriz que no lo notan, o eso creía. Ahora resulta que todo el mundo sabía que no estaba bien, que necesitaba un tipo de ayuda más que el simple consejo de amiga, que como en todo, en estos momentos, las expectativas que te forjas de cómo deberían actuar contigo solo te provocan desilusión, una pizca de rabia y consuelo por quien sí te entiende.

Mi supervecina/amiga ha sido valiosísima en mis últimos tiempos, pues ella también sufre una enfermedad crónica invisible, fatiga, etc. Tener a alguien que te comprende, que incluso le han pasado las mismas cosas o emociones de frustración, porque la gente te ve y te dicen: «¡Si se te ve muy bien!». Tu sonrisa tan forzada que tu bruxismo te pasará factura. Sí, porque por fuera no ves el dolor; no tengo una luz en la frente que se enciende y se apaga cuando el cansancio de la fatiga te deja sin energía ni para hablar. Muy cuqui todo, porque tu frase de cortesía, evítatelo, mejor deséame ánimos y acompáñame en mi sufrimiento interior, y no me juzgues por mí, yo de la calle, porque ese día estoy esforzándome mucho, para que vengas tú a decirme: «Te veo muy bien». En serio, piénsalo; estás de pie, agotada de estar agotada. No has dormido bien y te duele todo, pero los médicos te aconsejan que, aun con dolor, debes moverte. Vale, me muevo, pero si eres consciente de lo que estoy viviendo, por favor, no me digas que me ves bien. ¡Porque no lo estoy! Pero no me puedo pasar la vida diciendo o explicando que no puedo ir a tal sitio, que no puedo más, que me duelen los calambres de las piernas, como tener que excusarme por una enfermedad invisible poco comprendida, pero que la sufro cada día, y mi vecina aún peor que yo, así que, por favor, más empatía. Muchas gracias. Si tenéis en vuestras vidas a alguien con alguna dolencia de estas, debéis saber que hay grados; lo que a uno no le funciona, le sirve a otro. Cada uno tiene que encontrar su rutina y sus límites. Ya sabéis que a mí esta nueva enfermedad propició mi depresión, es tres veces más ansiedad se triplicó, ataques de llanto sin límites a solas, y bueno, ya sabéis, cuando mi madre se encontró con tal escena, pues lo flipó.

Vale, me despido de mi madre con mil besos, con mil perdones, y entro. Paso a la sala donde guardar el bolso. Te permiten traerte ciertas cosas, pero como ingresé de urgencia, solo llevaba el bolso, obvio móvil nada. Os diré que no lo eché de menos; mi círculo de WhatsApp es muy limitado, pero son los mejores contactos. Como sola en el comedor, sala de la tele, porque los demás ya habían terminado, destapo las tapas con prudencia, casi vomito. Encima solo agua, y les digo: «Odio el agua». En fin, pongo aceite al pan y digo que ya estoy. Me acompañan a mi habitación, me presentan a la que será mi compañera y futura amiga. Estaba en la cama, siempre en la cama; yo lloro en silencio para no despertarla.

La habitación está bien, es confortable, con cortinas gruesas para la siesta. Qué atentos, tenemos balcón, pero evidentemente taladrado de arriba a abajo con tornillos para que no se pueda abrir. Tornillo, el que me falta a mí. ¿En qué momento has llegado aquí? ¿CÓMO HE LLEGADO AQUÍ? Mi compañera resulta ser la Maruja más entrañable que me pudieran haber tocado. Mi estancia en el Palau no hubiera sido la misma sin ella; lo tengo clarísimo. Por la tarde, mi madre me trae una mochila y una bolsa con mis vestidos fresquitos, bragas las que encuentra. Yo le digo: «No, estas no, las grandes, estas no me van» (y por qué las guardas, ni que fueras a adelgazar). Le pido que me traiga mi libreta y el lápiz con huella de gatito de goma que me regaló mi vecina. Estaba escrito que esta libreta sería para esto y el lápiz que escribiría lo mucho que la quiero. Estaba escrito ya.

La primera noche dormí como nunca, aun llevando una vía puesta en la muñeca, que duele que te mueres, pero es la más duradera y fácil. La medicación hace su trabajo perfectamente. Eso de levantarse a las 8 y pico no lo llevo nada bien. El bocadillo para desayunar estaba agrio, ¿o era mi boca? Nunca lo sabremos, pero nos pasaba a todos. De beber un asqueroso brebaje para imitar un café, yo le lloriqueo a un auxiliar: «Por favor, ponme leche sola que me muero del asco», y muy amable lo cambió en mi ficha y me dio un vasito de plástico con leche. Más tarde descubrí que había chocolate en polvo. ¡Qué ilusión me hizo! Igual que el día que el desayuno fue de mermelada. Con qué poco me hacía feliz en un lugar donde la gente va porque no es feliz.

Qué ironía, no sé cómo, pero superé el viernes y, al final, tengo ya permiso para poder pasar el día fuera de casa y volver por la noche para la medicación endovenosa. Me preparan la del mediodía en un sobre de plástico y viene mi madre. Ah, por cierto, el viernes también salí de cuatro y media a seis y media. La verdad, no soy una paciente de riesgo; merendé y poco más.

A mi hermano mayor, que debí dar pena, nos invita a comer en su casa, en su pedazo de terraza, y veo a mis sobrinas. Eso sí, son vitaminas de serotonina, ¡endorfinas de las buenas! De vuelta, estoy sola; mi compañera tiene permiso para dormir. No, eso fue más tarde. Uso la sala de juegos, donde no funciona el aire acondicionado, y me pongo música relajante que me sea conocida para escribir.

Espera, ah, no. El sábado compré para pintar mandalas y eso hice, con frases para mi madre, con sentimiento: el dibujo de un sol y una estrella como su tatuaje (sí, a mi madre también la he metido en la secta de la tinta). Ese tatuaje representa a mi papito, porque son las estrellas que están siempre con mi madre y su sol y su estrella la guían.

Ella también ha perdido la cuenta de los que lleva y tiene más en mente, como buena adicta.

Por dónde iba, sí, el fin de semana pasa rápido, menos las noches; los sueros con la medicación no bajan bien y las vías nos arden en los brazos. A eso se le llama flebitis, duele lo más grande, nos pasa en todos los sitios donde nos pinchan, a mi Maruja también. Con el despertador pipiliano que tengo, voy revisando las vías de las dos. Una vez tuve que despertarla porque se había liado con el cable de una manera que podría autoasfixiarse. Otra noche me despertó ella a mí: «Nena, tira para el lado que roncas mucho y no puedo dormir». Y yo: «Vale, ¿quieres unos tapones?». Y sí, le doy unos. Llevo usando tapones para los oídos desde que trabajo de noche, es decir, casi toda mi vida laboral en la clínica. Intenta dormir en agosto de día, pues también usaba antifaz y la férula de descarga bucal. Solo me faltaba quitarme el ojo de cristal para ser un chiste a la hora de ir a dormir. Ahora tengo otra rutina: limpieza de dientes, limpieza de cara, crema de ojos y elixir para piel sin manchas. Me estoy dejando las uñas largas, otro hito en mi nuevo yo.

Vale, lunes. Se hace una clase de gimnasia en silla para cervicales, etc. Es justo lo que necesitaba. Llevo un retraso con la actividad de estiramientos en mi vida anterior y justo ahora la vuelvo a introducir. Por la tarde se sale a merendar; mi compi nos indica dónde toma la mejor horchata con pastitas del mundo, en el paseo Gaudí. En la vida había caminado por ahí y me tienen que encerrar para hacer turismo en mi ciudad: de un lado el hospital Sant Pau con su arquitectura modernista y del otro lado la Sagrada Familia. En fin, que el tiempo que he estado ingresada he merendado como una reina, en buena compañía de gente maravillosa. El marido de mi compi sabe lo que se siente porque mi madre pasó por lo mismo; tuvimos conexión que espero sea continua en el tiempo. Mi madre y su marido tenían los mismos reproches y anhelos con las personas a las que amaban durante muchos años, demasiados.

Después del festín de merienda que me metía, llegamos a las seis y media al Palau y a las siete se cena. Yo, a esa hora, decido no cenar; no me pierdo nada. En cinco minutos tengo a mi compi en la habitación y le digo: «Ah, no, nada de tumbarnos en la cama. Hasta las diez el resupón. Nada. Le digo, yo escribo y tú pintas». Me hizo caso para mi asombro; tengo un poder de convicción con ella. Otra persona me llamaría mandona, pero eso cada uno puede elegir. Yo lo llamaría animar a estar ocupada y hablar, sobre todo hablar de nuestras inquietudes o de absurdeces, lo que surja. Mi compi me cuenta que antes los jueves traían perros para hacer terapia y yo, como loca: «¡Por favor que sigan viniendo!». Nadie me lo pudo confirmar.

El martes sucedió un pequeño conflicto, por puro malentendido. Me tocaba cita con la psicóloga y me preguntó por el tratamiento, si no había notado algo. Y yo: «Bueno, no sé». Dice ella algo parecido. Al ser diez días, aún es pronto. Y yo: «¿Cómo? A mí me dijeron siete días». Y ella: «No, siempre han sido diez». Yo: «Vale».

Salgo de la consulta estoica y cuando entro en mi habitación me tiro en la cama, cojo la almohada como he visto hacer un millón de veces a las princesas Disney y me pongo a llorar, como ellas. No fue un ataque de ansiedad en toda regla, pero no podía parar. Mi Maruja: «Nena, corazón, cálmate que tendré que avisar a alguien». Yo, en esos momentos, era más rabia, impotencia; me sentí engañada. En mi cerebro se había preparado para soportar siete días; en ningún caso diez. ¡Diez no! Eran muchos. En realidad, son tres días más que al final, tampoco en la vida real nadie se pondría como yo, pero es que yo estoy encerrada por mi decisión y siete era como mi meta y diez era una estafa, un castigo. Cuando vinieron a ver qué jaleo estaba montando, yo hipaba de rabia, hiperventilaba y sollozaba. Oigo que me dicen que no me puedo poner así por eso, que si somos niñas o personas adultas, es lo primero que sale de la boca de la enfermera, con empatía cero en un trabajo donde la gente no está en su mejor momento. Buah, le pido papel a mi compi y me sueno los mocos como loca y le grito: «¡Vale! Ahora ya estamos hablando, ¿qué es lo que no entiendes?». O algo así. Estaba furiosa; ladraba más que hablaba. Bueno, pues me siento engañada. Mi cabeza no estaba organizada para aceptar diez, si no siete; punto. No era otra que aceptarlo. Pero una vez más, me dieron más pastillas, se fueron sin más. Yo ya no lloraba, pero rabiaba por todos los poros de mi piel. Mi compi me consoló lo que pudo, qué bonita ella, haciendo de mami, pues tengo la edad de una de sus hijas casi.

No tengo palabras para expresar el sentimiento, la unión tan rápida, tan limpia y real que hicimos. Es de una sencillez y belleza abrumadora, porque es fuera de lo común, del inicio de una amistad especial. Así lo sentí yo y lo sigo sintiendo; fue ella la primera en oír mis primeras páginas y luego mi mami, que lloró y me dijo que no se creía que pudiera escribir así. Yo, un poco agraviada y agradecida, le seguí leyendo, en el sofá de mi casa y a mi compi en la cama del Palau.

Ah, lo que me arregló el día no fueron las pastillas, sino enterarme de que los miércoles hacían la clase de terapia con dos perritos. Y mi hora de la cena fue imitar todo el rato a Agnes (de *Gru, mi villano favorito*) y poner la voz aflautada y gritona de: «¡Perritos! Van a venir perritos», apretándome las manos como una plegaria.

Es miércoles, lo recordaré ver entrar a esas dos bellezas: una *golden* gordita llamada «Fiona» y un macho, un *cocker spaniel* graciosísimo, porque estoy acostumbrada a llamarlos dama y este es un Michu o algo así. Les besé la boca, que la tenían mojada de acabar de beber agua, yo sentada en el suelo. Fiona enseguida nos ofrece su panza y no sé cuántas manos le están rascando. Nos explican el juego al que debemos participar todos, de uno en uno, a los bolos con los perritos. Son todo de peluche y goma. La pelota es complicada; quitársela a Michu en mi turno. Mi jugada es un *strike*, gracias al perro y su asombrosa puntería. Una vez hemos tirado todos, deshacemos el empate. Una compi muy serena y simpática, pero yo soy puramente competitiva; me he criado con dos chavales. Perder es de perdedores, y eso no me va. Esta vez tenemos que lanzar sin la ayuda perruna (que consistía en que una vez tirada la bola, ellos la seguían y tiraban ciertos bolos). Creo que tira primero mi compi y le quedan bolos de pie. Yo, con la pelota chorreante de babas, coloco los dedos como experta y lanzo, ¡y *strike* otra vez! Intento saltar de alegría, pero mi cuerpo no da, pero la ilusión nadie me la iba a quitar en la actividad con perritos. ¡Había vencido, ganado! Alcanzado la máxima felicidad por interactuar con esas criaturas mágicas.

Soy una Karen, pero adoro a los perros. No soy de esas que reniegan de perros o de gatos; ambas especies son increíbles a su manera y cada una tiene su peculiaridad especial. Ahora mismo estoy acariciando a Guapa y, sí, si el amor tuviera sonido, sería como un ronroneo.

Pasamos otra tarde maravillosa con mi horchata y mi dulce, el que tocase; no quiero perderme ninguno que lleve chocolate, soy una adicta al chocolate. Y la horchata solo sé bebérmela como un chupito, entera, de golpe; me sabe a gloria. Me olvido de que tengo que volver al centro, si no fuera por la vía, enmallada para protegerla, que llevo ya en otro brazo, otra flebitis. En fin, la compañía es tan agradable que el tiempo hace de las suyas: pasa demasiado rápido. El resto de la tarde será cosa nuestra hacer correr rápido las agujas de ese reloj que nos tiene pendientes, para bien o para mal. Yo, como no llevo ni tengo móvil, tengo una preocupación menos; ya se encarga mi Maruja: «Nena, vamos a las pastillas», resopón de polvo de cacao calentito o frío, según. Con galletas de cartón, las llamo yo, pero me las zampo como si fueran los *macarons* de la bombonería.

Jueves. No dormí bien. Cuando nos pasan a buscar, ni me quité los tapones. Digo que no a lo que vayan a hacer de terapia. Mi compi se desvela y se va a dar un vistazo. La tía cochina no vino a despertarme; se queda haciendo una manualidad a escondidas. Porque yo, el martes, que fue su santo y le dieron permiso de pasar el día fuera, me dediqué a pintarle un mandala con una frase para memorizar, algo así como que, aunque pierdas, si sigues intentándolo, eso ya es una victoria.

Pues bien, ella se propuso hacerme una manualidad, cuando ella reniega de esas cosas, con una estampación de papel de dibujitos, graciosísimos gatitos, con una dedicatoria. Yo me levanto con mal humor, veo que no está y pienso: «Será *joia*, la tía se ha ido sin mí». Cuando llego al comedor, esconde lo que hace, y yo veo un papel hermosísimo de mariposas y flores. Pregunto si puedo coger uno. Me advierten que ya han acabado; yo digo: «Es igual, es para guardarlo». El mensaje más importante que me da ese trozo de papel, que enmarcado y colgado en mi habitación, es el siguiente: tantas cosas preciosas me puedo perder por quedarme en la cama, dormitando, de mal humor.

Cuando al día siguiente me dio mi punto de libro, sonreí todo el día gracias a ella. Saber que alguien a quien conozco desde hace días sabe que soy una Karen y se esforzó en regalarme algo que me gustaría, sin que a ella le gustara la actividad, es una doble victoria para las dos.

Yo ya lo he explicado y, para ella, debería servirle de que, aunque ciertas cosas no nos agradan, si es para alguien que le hará feliz, ya vale la pena dedicar ese tiempo y no estar en la cama.

El viernes pasa así, que recuerde nada notable, o fue un día que mi madre tenía pruebas médicas y me fui a merendar con mi Maruja y su marido. Allí nos juntamos con más gente del centro, obvio, y fue raro verlos en la calle, tan normales como yo, que, aunque llevaba la vía puesta (al final me lo pincharon intramuscular; estaban de mis venas hasta el toto), hablábamos en diagonal, de tú a tú, sabiendo que en un rato volvíamos al encierro por nuestro bien. Porque todos, aunque haya reincidentes, seguimos luchando por nuestra salud mental. La diferencia de mi psiquiátrico al de mi padre tiene diferencias abismales. Yo quería salir mejor y, en cambio, mi padre se estaba poniendo cómodo en esa rutina de esclavo. Le dieron de alta justo por eso y de ahí al centro de día, donde mi padre se enfadaba porque no quería compararse con ninguno de esos pacientes encorvados, todo el rato fumando, con los dedos amarillos. Pero justo él era ese paciente, malhumorado y sin ganas de participar en hacer el dichoso cocodrilo. Él replicaba: «¡No soy subnormal, solo estoy jodido!».

Huelo a menta de mi balcón; recién rociada para los gatos, he puesto plantas aromáticas atractivas y relajantes para ellos. Aunque estoy mosqueada con el enano Binx, que se sienta en mi aguacatero. Sí, he plantado un árbol y escribo un libro. Y me he dejado crecer las uñas, que llevo mordiendo desde mi tierna infancia, y ahora las llevo de gel, de manicura francesa: la muy elegante escritora de pacotilla. (Seguro que si lo lee mi sobrina de siete años y encuentra todas las faltas y la falta de acentos, gracias, autocorrector). No sé a vosotros, pero para mí escribir en móvil fue una maravilla; a todo el mundo le suda cómo escribas, lo entienden y punto. Soy muy feliz, menos mi amiga tocaya del alma, que le molesta que ponga «k» en lugar de «que» y me pregunta qué hago con el tiempo que me ahorro al poner solo la «k». Y yo le contesto: «Pues una rascada de toto» y me desorino.

A mis amigas (ahora madres) les hace mucha gracia que use palabrejas que ellas no entienden y yo digo siempre que uso una de ellas: «Toma, qué léxico, Dios», y me ignoran. Solo recuerdo una frase de una profe de catalán que tengo a fuego: «*asín*» (así, con «n», me chifla). Decía así: «ni *tenim* café» (ni tenemos café), «ni *tenim canari*» (ni tenemos canario), «*hem de parlar bé*» (tenemos que hablar bien). Porque se dice «*he de fer*» (tengo que hacer) y «*he de anar*» (he de ir). Y nosotros decíamos siempre: «Hola, *tinc que fer un dibuix*», que suena como café. Es un castellanismo o barbarismo, tampoco sé cómo se dice, pero todos los de la Pegaso quedamos adoctrinados por ese letrero.

Vale, otro fin de semana sin pena ni gloria. Ya no llevo vía por lo de los pinchazos, y niebla mental. Vienen mis amigas a verme con sus hijos; les hago payasadas. No voy a ponerme a llorar de lo que es estar en un psiquiátrico delante de unos niños, así que, cosquillitas por aquí y por allá. Ellas siguen sin saber que me ingresé por miedo de lo que fuera capaz de hacer en un mal día. No sé cuánto aguantaría el amor por mi madre para sujetarme en la tierra y evitar darle tantas y tantas vueltas a las ganas de acabar con todo. Ya dije lo de los Budas: la vida es sufrimiento, pero yo no lo quiero, señor budista. Dame ya la paz mental, el éxtasis ese, y deja de joder, concholes.

Llega el domingo noche y mi compi y yo nos habíamos confiado: que el lunes no tenemos tratamiento, tenemos permisos, pues nos vamos a casa. Nosotras, demasiado confiadas, inocentes e idiotas, nos llevamos un chasco al salir del despacho. Ella quería que viniera su marido y yo que volveríamos a hablar, en nuestras camas, tiradas en la cama, cavilando: «¿Y si no me voy? ¿Y si te vas tú? ¿Qué hago yo aquí sin ti?», me decía mi compi. Amor mío, no lo sabemos.

Vamos a ponernos en lo peor; quedarnos significa mejorar, seguir el tratamiento. Seguro que tú te vas, le insisto yo, en la hora de la merienda, en la calle. No ha puesto el culo en la silla aún su bendito marido, que ya le golpea con el abanico y le dice: «Tu cuidado con lo que cuentas, ¿o es que me quieres encerrada?». Él: «Yo no voy a mentir a ningún médico por ti». Ella: «Pues nada, eso es lo que me quieres». Y así un buen rato. Nosotras en medio, yo me meto en la conversación porque yo sé lo que pasó durante el fin de semana, y ella no quiere que lo cuente al doctor. Y yo: «Mira, es diferente llorar por preocupación que los llantos de histeria, desánimo, etc.». Ella está en un momento complicado y él, ella lo complican. ¡Y yo allá, paz! Me meo, surrealista: una loca soltera con cuatro gatos dándole consejos a un matrimonio de cuarenta años de casados. Todo muy cómico, pero es que les había cogido tanto cariño que, quería lo mejor para los dos.

Es increíble la vida, la gente que te pone y te quita de tu camino. Creo que ya lo he dicho antes, pero mi estancia no habría sido igual sin los besos de mi Maruja. Su demonio de dentro también me caía bien; tiene que aprender a convivir, pero les está costando. Su marido y mi madre se encuentran en la misma situación que vivió ella con mi papito, y ahora voy yo... Corrijo mi error de conciencia y me permito decirle a mi madre que me perdone por tener que pasar por esto de nuevo, ahora con una hija. No, no una hija; su única hija. Mis hermanos deberían ir a terapia también. Toda la población del primer mundo debería ir, y mejoraría nuestra vida. Estoy convencida de eso. La tan mencionada inteligencia emocional es un trabajo dificilísimo, para comunicarse bien con las personas, para tener empatía, autocontrol, y para mí, la incorporación del duelo.

Todos sabemos que moriremos, pero lo ignoramos.

La muerte le pregunta a la vida: «¿Por qué a mí todos me odian y a ti todos te aman?». La vida responde: «Porque yo soy una bella mentira y tú, una triste verdad».

Total, que el lunes le dan el alta a mi compi, con seguimiento periódico de quince días, por si alguna medicación haya que recolocar, quitar, subir, bajar, todo eso. A mí, para mi sorpresa, me dan permiso de martes a jueves y el jueves se decide qué hacer, con lo que me quedo sola. Pero tengo un libro que escribir, sigo saliendo a merendar como una *monstra*, chocolate y horchata, endorfinas de felicidad, y además el martes es el día siguiente al lunes, así que no me fustigo. Qué ganas de llegar a casa y dormir con algún que otro gato. Ahora en verano se turnan, es insoportable con el calor, pero en invierno no me respetan; hasta en la almohada estirados se han llegado a poner, encima de mis piernas doloridas, y se lo permito todo porque son mis bebés.

El permiso perfecto, no me siento extraña en mi casa, voy en bragas con las lolas colgando y... ¿Me siento feliz? Algo parecido. Cuando el jueves me dan el alta, voy sola con mis bolsas, puesto que mi madre tiene médicos.

A partir de ahora tenemos una agenda apretadísima: ginecología, dermatología, urología, y alguna más caerá para mí. Mi madre tiene otorrinolaringólogo, traumatólogo, neumólogo y digestivo; ella en la Seguridad Social y yo utilizo la mutua. ¿Adivináis para cuándo tiene alguna visita después de realizarle las pertinentes pruebas y sus resultados? En enero, por poner un ejemplo de neumología. Yo no digo que nuestro estado del bienestar no sea mejor con la Seguridad Social, es una maravilla tenerlo, pero en las mutuas no hay tanta cola para las pruebas; vas directo al especialista, no tienes que pasar primero por el de cabecera y que él quiera derivarte a otro especialista. Así, otro libro podría escribir.

Para el alta, me dan la medicación para el mediodía, una hoja de informe y la nueva pauta de medicación (parece un pergamino de esos que se extienden de forma cómica en los dibujos). Tendré que ir de urgencias a que me paute la medicación junto con las mías propias, porque de manera urgente primero las compro, y la broma de la locura me ha soplado cientos quince euros, que luego recuperaré con la pauta actualizada. Ya hacía tiempo que no tocaba billete, siempre voy con visa; así me va, de endeudada, *jurjur*. Y sin saber cómo, ya me he gastado todo el dinero, y aún faltan por pagar los ciento quince de tarjeta. Una ruina.

Ahora necesito una psicóloga donde verter todas mis mierdas y quedarme bien a gustico, pero hasta septiembre nada, no me dan hora. Es su manera de trabajar. Además, tengo la suerte de que tengo la mejor vecina, que además de cuidarme los gatos, es con quien me desahogo. Nos abrazamos porque nos comprendemos, tan necesario en estos momentos. Solo pido comprensión. Es que es una enfermedad invisible tan cabrona, que una ansiedad más estrés da como resultado una depresión y tal en cuestión de pocos meses, al menos así ha sido para mí.

Porque pedirle a mi madre que camine más despacio es humillante para mí, y a la vez me da rabia que ella no se dé cuenta de que estoy sobre esforzándome para ir a su paso, y así con todas las actividades domésticas. Me tengo que sentar para colocar los pies en su pertinente agujero y no tropezarme al levantar el pie para ponerme las bragas. Y podría poner mil ejemplos, pero se alargaría demasiado el libro y no quiero ser cansina. Es como cuando mi madre, ve que hago un gestor de dolor, me pregunta cómo estoy, y yo le digo: «Mamá, no puedo pasarme el día diciendo que me duele en cada momento porque si no, no acabaría nunca». Por cierto, me duele la mano un cojón escribiendo este libro, y estoy incómoda sentada. Necesito levantarme, y cuando estoy levantada necesito sentarme otra vez. Todo muy *xaxi*.

Hoy miro en redes sociales y es una gozada ver a chicas que suben contenido defendiendo los cuerpos diversos, y pienso en lo lejos que hemos llegado. Sin embargo, me hace pensar en lo mucho que yo habría necesitado ese tipo de representación en mi adolescencia. Ahora hay modelos de todos los cuerpos y colores, pero en mi época el estándar era otro. Es triste, pero de alguna forma también es sanador ver cómo otras personas comparten sus experiencias.

Cambiando drásticamente de tema, llevo toda la vida exponiéndome a un mundo que no sé si será amable o no conmigo. Yo me veo educada, ruidosa, impulsiva e introvertida a la vez, risueña, borde, dueña de miradas matadoras, solícita y siempre a la expectativa de cómo me perciben los demás. Me incomoda, me inquieta y ahora me la suda, pero con matices.

Lo que digo no suele ser lo que pienso en muchas ocasiones, pero como una buena amiga dijo una vez (Jane Austen): «No es lo que decimos o lo que pensamos lo que nos define, sino aquello que hacemos». Y yo, aparte de haberme subestimado en mis fortalezas, he caído en mis más profundas debilidades, algunas que surgen de mi lado más oscuro. A día de hoy estoy contenta de que no soy aquello en lo que pienso, sino lo que he hecho o, en este caso, lo que no llegué a hacer.

Mi madre da explicaciones a sus más allegados. Con alguien tiene que desahogarse de mí, si normalmente soy yo su fuente de desahogos, y a mis oídos les retumba oírla tan dolida, tan cansada y con la necesidad siempre de pedirme: «¿Por qué no podemos ser todos felices con lo que tenemos?». Y yo, que normalmente sé solucionar los conflictos ajenos, que creo que tengo inteligencia emocional para ayudar a amigas queridas en sus más vulnerables momentos, con mi familia no tengo término medio.

Todos tenemos el carácter Van Den Camp (dícese de un carácter terco, autoritario y un poco engreído) que alguna de mis sobrinas ya lo tiene bien desarrollado, incluida mirada matadora. Es divertido ser el blanco de alguna de ellas. Las relaciones familiares son complicadas, es difícil tener siempre la sensación de que hay alguien enfadado, con *vendettas* no cerradas aún del todo, que te remueven algo en el estómago que no sabes cómo parar. No sé si me entendéis. Las familias pueden ser adorables y encantadoras y, al mismo tiempo, cínicas, irónicas y rabiosas. No entiendo el porqué, pero es así como lo vivo yo. Mi manera de vivirlo también depende de mis experiencias, de cómo me siento. Supongo que mis monstruos anteriores, que viven en mí y se alimentan de esas malas sensaciones, reabren mis inseguridades, mis penas dramáticas de desamor, mi autoestima rasguñada por miles de trozos, que intento recoser con todo el amor que me dan mis sobrinas, mis amigas, mi familia. Si ellos me quieren así, ¿por qué no debo hacerlo yo?

Luego está lo de mi madre, con su aprobación. Aún está trabajando el quererme con mi nuevo aspecto de gorda empoderada. Yo también, no os creáis, hay días buenos y días malos, de toda la vida, en todos los aspectos, en todo tipo de actividades, en todas las etapas, en todas las circunstancias, etc. Y todo este rollo viene a raíz de que a veces no he sabido quererme a mí misma, y eso afecta a todas las relaciones que tengo en mi vida, porque todo lo gestiono desde el rechazo, y eso no está bien.

No hablo mucho de lo que es sentirse encerrada, porque al tener tantos permisos desde el primer día, simplemente organicé mi día en tareas, comidas, meriendas, tertulias, y en escribir o pintar mandalas, casi siempre para mi madre. Ahora ya no pinto mandalas, ahora me pinto los labios, vuelvo a usar pendientes y hago una rutina de belleza. Como ya he explicado, ahora me hago la manicura, pero es que tenéis que saber que yo soy una comedora de uñas de toda la vida. De pequeña me ponían aquel líquido asqueroso, que yo rascaba con los dientes, iba al baño a vomitarlo, volvía a clase y seguía mordiéndome las uñas. Además, quien me conoce bien sabe que me guardo las uñas en la boca, entre los dientes, y si tengo que comer, las guardo en un ladito del plato. Casi siempre se me olvidan, y entonces sigo comiéndome más uñas. Diréis, ¡vaya guarrada! Pues sí, pero hay quien se hace burillas en el coche y las tira, y hay quien se tira un pedo y lo ventila para que lo huela todo el mundo. Otra cosa supercochina que hago es decirle a una sobrina: «Ven, que te cuento un secreto», y plantarle un eructo en la cara. Eso es genial, a mi parecer.

Estoy cómoda en mi casa, pero la piso muy poco porque necesito mantenerme ocupada o me tumbaría en la cama. Yo y mi madre (el burro delante para que no se espante) hemos retomado lo de rellenar álbumes familiares. Mi madre tenía las fotos en cajas de zapatos y cajones de ropa interior, y ver a mi familia posando en 1996 es una pasada. Verme de bebé es increíble, no veréis a ninguna como yo de preciosa, así lo digo. Ver los cumples en pijama de adolescente malhumorada o en la Pascua con nuestra casita de chocolate, con una sonrisa que no me cabía en la cara redonda.

Mis padres, no voy a decir que son los mejores del mundo, porque eso sería muy halagador y no sería verdad, pero lo que sí es verdad es que lo intentaron cada minuto de nuestras vidas.

Acabo de quedar con ella para ir al cementerio, y después de hacerle un audio por WhatsApp, le dedico:

Te quiero, te quiero,

esto es amor del bueno,

porque tú me alegras la vida y el corazón.

Ay madre que me abrazas fuerte

y te oigo los latidos del corazón.

Te quiero mucho, te quiero mucho,

y te querré aún con todo mi dolor.

Me he inspirado, como habréis notado, en la canción de Rozalén... Bueno, vale, copiado, pero es que dice verdades como puños. Me encanta también su frase en la canción con Estopa:

Y si miro todo como un niño,

los colores son intensos.

Yo saldré de aquí, si lo creo así.

Me encantaría estar en ese punto, pero no pierdo la esperanza. Tengo muchos proyectos, eso sí: hacer deporte adaptado, caminar, caminar en la piscina e ir aumentando lo que el cuerpo me permita, porque cuando me paso de lista con mis quehaceres, luego lo pago con aumento del dolor y de fatiga. Y no me apetece nada ese proceso, la verdad, por eso me marcaré mis límites.

Hablando de límites, hubo reunión familiar en la torre de mis abuelos (quien ayudó a construirla en 1980). Ahora todos quieren usarla, pero cada día se rompe algo por falta de mantenimiento, y yo solo quiero decorar, y de momento me van dejando. Pequeñas victorias.

En esa torre, este año todos pasarán agosto juntos: mis hermanos con sus susodichas y mis cinco sobrinas. Una locura. Y hablando de locura, claro, se abrió el melón de mi ingreso y de que me hago la víctima. Yo, intentando explicarlo de manera sencilla, pero no me dejan. Venga, puyas. No entienden que llevo desde 2020 una carga emocional por no haber podido ayudar a mi madre a cuidar de la suya.

A mi abuelo, el día antes de morir, fuimos el domingo a su casa. Le limpiamos un poco la casa, se duchó, y mi madre le ayudó a secarse bien la espalda, cosa que ese señor nunca se había dejado ver en bolas. Al contrario que yo, que me he criado con un padre y una madre nudistas. Le pusimos la ropa nueva que le habíamos comprado para estar cómodo en casa: su camiseta de tirantes blanca, un pantalón de chándal. Nos dejó que ventiláramos la casa y me despedí de él, «*adeu avi*», con un beso rápido, despistado, porque él estaba conociendo a su bisnieta, que era muy pequeña y no queríamos correr riesgos.

Todo ese dolor lo llevo en mi corazón. Salí de trabajar el martes por la mañana, y con mi madre siempre nos llamábamos a esa hora para charlar. Me comenta que mi hermano mayor había intentado ir a ver a mi abuelo el lunes por la tarde y que no respondió nadie. Ella llamó y tampoco le respondió. Me dijo que ahora iría a verlo, y yo le dije, en mi tono borde característico: «*Us el trobareu mort*» (os lo encontraréis muerto). Porque yo ya habría ido el mismo lunes a ver qué pasaba, pero mi madre pensó que, entre que estaba sordo y estaría ya acostado, pues fue como todos los días a llevarle la comida, y sería el martes. Así fue. A las once y pico, me llama mi madre llorando, ¡gritando!: «¡*Está mort*!» (¡muerto!). Y yo le grité: «¡Te lo dije!». Me vestí y fui a casa de mis abuelos, que ahora es mi casa, y eso no lo llevan muy bien mis hermanos, creo.

Le vi con su pelo impoluto, blanco, «nucelar» (referencia para los amantes de *Los Simpson*). Una mano agarrando a la otra, ya toda morada. Un ataque al corazón, durmiendo en la cama. La muerte que todo el mundo desea. Nos gusta pensar que no sufrió.

Luego, el dichoso dos mil veintiuno recordaréis que mi padre murió y, como bien expliqué, tuve un papel relevante en el caso clínico de mi padre. Yo entendía todo, ya que lo había vivido durante un año en el trabajo, y sé que la falta de recursos humanos fue lo que mató a mi padre. Esas personas con bata blanca tuvieron que decidir dejar a mi padre por perdido, y tan perdido estaba el pobre que solo hablaba de la próxima *calçotada* a la que iríamos. Este año, dos mil veintitrés, hemos hecho una en su memoria.

Luego están mis patologías diversas que me complican la existencia.

Perdonad, debo parar mi narración aquí, ha sucedido: soy una viejoven que se ha meado encima en la cama, entre que me he saltado el pipí de las cuatro y los diuréticos que me han prescrito por edemas en las piernas. Están descartando medicación, posibles complicaciones cardíacas, y me han quitado justo la única medicación real que tomo para el dolor de la fibro: el Zaldiar, que es una combinación de tramadol más paracetamol. Entonces, ahora solo puedo tomar paracetamol, vamos, una gominola para mí, y voy y me he meado, nada, un chorrito, lo suficiente para dramatizar más mi situación. Que si alguien me dice que a mis treinta y cinco más tres ya me estaría meando en la cama, pues me parto de la risa. No hace ni pizca de gracia cambiar sábanas a las cinco y media de la madrugada con gatos de por medio, no es gracioso. Habréis visto algún vídeo gracioso de gatos que no dejan de meterse entre las sábanas, de arañarte, de esconderse dentro de la bajera. Pues eso, ¡tampoco es gracioso! Me está arañando un cabronazo, le grito que soy tu madre, ¡quién te da de comer, quién recoge tus cacas! ¡Ingrato! Ahora, a ver quién se duerme. Vale, para rematar, al día siguiente, para mí ayer, para vosotros no sé cuándo.

Voy cargada con bolsas, otra vez me obligan a ir a un evento familiar. Sé que luego lo paso bien, pero de primeras no me agrada tener que ir. Describir mi incomodidad con mi familia es muy duro, pero como soy buena actriz ni lo notan, y si lo hacen, no lo dicen. Espero que no me vuelvan a echar mierda.

Vale, pues eso, voy cargada de bolsas de mano, pico al timbre en casa de mi madre y, antes de que se cierre la puerta, la aguanto con el culo porque con las manos soy incapaz. Vale, tropiezo con el zapato y caigo de culo, y quedo como cucaracha patas arriba. Es tan temprano que nadie me ha visto. Consigo quedarme sentada, pero no tengo ni sitio ni fuerza para levantarme. Llamo a mi madre y le digo: no te asustes, estoy bien, pero me he caído y necesito ayuda. Sale corriendo con las chanclas, clap, clap, clap, y yo le digo que no corra, que he tenido suerte y solo me he llevado el golpe y el susto. Mi madre tiene que pasarme por encima para ponerse delante mío y tirar, tirar de un cuerpo inútil. Sí, ya sé que está enfermo, pero me hace sentir ridícula.

En la torre, ya pasada la fiesta de la jamonada y con el premio a la mejor tortilla de patatas hecha por mi hermano pequeño, y ver a mi sobrina de siete años jugar a cazar caramelos en un cubo con harina, la cara bien mojada, por primera vez en su vida y otros juegos de mi infancia donde mi padre se curraba mucho los juegos. Siempre conforme con la mala posición en la que llegaba en todas las carreras. Eso sí, el de comer la manzana colgando de una cuerda se me daba bien con mis piñatas, dientes de conejo, paletas, metía unos buenos bocados, y debo recordarle a todo el mundo que soy Miss Les Ferreres 1992, y una *miss* nunca pierde el título, así que yo lo proclamo: disculpen, soy miss y a veces me confundo como Confucio. Al final, estuvo bien estar en familia.

Aunque debería estar de mejor humor porque encontré mi libreta en un tamaño más grande, hermosa y brillante, en ese instante fui feliz. Lo haré durar.

Porque hoy estoy de muy mal genio y lo pago siempre con mi madre. Recordáis que le he ayudado a ordenar fotografías de miles de cajas, pues cuando me está dando un apagón de fatiga, no me sirve descansar. Me da ansiedad porque para la fibromialgia está desaconsejado hacer la siesta. Entonces le sugiero reordenar más cosas de su habitación, que es un caos. Pues después de que ella se haya echado dos horas de siesta, me dice que no, que descansemos. Y yo le digo: pues me voy a mi casa, que tengo muchas cosas por hacer, como un nuevo encargo, que es juntar todas las fotografías navideñas, nada, una nimiedad, en el ordenador, que ella sabe que odio.

Y estoy de muy mal humor porque me duele mucho todo. La cardióloga me quita el Zaldiar, pero el traumatólogo el día de antes me dijo que me tomara las que pudiera. Pero como se trata del corazón, voy a aguantar como una jabata hasta que me digan que no es nada y pueda volver a tomar mi querido Zaldiar, porque a mí el paracetamol ni en el dolor de cabeza ni en el de la regla nunca me ha aliviado ningún tipo de síntoma. Y la gente, oye, se los toma y son tan milagrosos que mi abuela, a sus ochenta y nueve años, me enseñaba todas las pastillas que se tomaba: una vitamina y un Gelocatil partido en dos, y me las enseñaba en plan «mira qué malita estoy». A día de hoy, no sé cuántas tomo a lo largo del día, me pica la curiosidad, pero ya mañana, sí eso, que tengo a los gatos encima de la mesa reclamando que me vaya ya a la cama, porque me esperan, solo algunos, no todos. Ahora en verano, el rubio ni se me acerca, pero en cuanto ponga una manta sobre mí, ¿adivináis quién vendrá el primero? Justo en medio de las piernas con sus siete quilazos. Correcto, don Rubio, que ya tiene una edad.

Estoy estrenando mi libreta nueva y me siento un poco incómoda mirando la pequeña, la que me ha acompañado en mi encierro. No en el psiquiátrico, sino en el de mi cabeza.

Recordaréis que mis abuelos ya vinieron a verme y despertaba con una sonrisa, pues con mi padre no era igual. Se intuía que estaba, oía el ruido de liar un cigarrillo, memorizada su lengua al mojar el papel. Siempre, o casi siempre, llevaba su chaqueta noventera gris con vetas negras, sus gafas de aviador. En ocasiones estábamos en lugares conocidos, en alguna verbena, en el patio del colegio, pero nunca llegaba hasta él. Mi necesidad de encontrarlo en mis sueños fue muy imperiosa; entonces no aparecía. Cuando no lo pedía, me regalaba un vistazo a su figura.

Pensaréis que son tonterías, pero un día, mi sobrina de dos años, que conocía todas las caras de las fotos, tenía muy interiorizado al avi Hans. Después de una comilona, al llamarme por «tieta» y yo ni caso, insiste: «tieta Cristina», y tampoco. Y cuando no sé de dónde se lo sacó, porque solo una persona en este mundo me llamaba «Cristineta», soltó la enana: «Cristineta», y obtuvo toda mi atención. Pero cuando la interrogué, ya no estaba conectada con él. Y si digo conectada es porque, desde el primer día, tuvo una interacción extraña con él, para el poco tiempo que compartieron. Y a mí, ese «Cristineta», que no se lo podía haber oído a nadie más que a él, fue un consuelo. Sigue aquí.

Otro sueño: estamos en el borde de su cama de matrimonio, a los pies, pero no consigo llegar a él. Me despierto llorando. Cuánto tiempo de enfado, incomprensión ante lo que él vivió, una persona súper activa obligada a vivir en la esclavitud del dolor. Natural que se le quitaran las ganas de vivir en esas condiciones.

Ahora lo entiendo, porque lo sufro, y por eso me duele más no haber sabido relacionarme correctamente con él. Yo nunca fui tan activa, pero sí divertida, risueña y aventurera. Desde paracaidismo, *puenting*, vuelo en parapente, vuelo acrobático en avioneta, Shambhala mil veces seguidas. Y ahora no puedo saltar ni en una cama elástica para críos.

Siguiente sueño: todo esto en el transcurso de muchas noches sin señales. Aparece otra vez en el pasillito del borde de su cama de matrimonio. Esta vez consigo alcanzarlo, me abraza fuerte y le oigo claramente decirme que me tranquilice, que todo irá bien, su voz en mi oído. Me despierto con lágrimas tristes que resbalan hacia las orejas.

Por fin, lo necesitaba para poder continuar sin estar enfadada. Ahora podía verle, incluso oír su risa en su sillón de casa, discutiendo en algún lugar por algo que no le parecía correcto. Os contaré que, por allá en 1990 y algo, se inauguró Port Aventura y, obvio, fuimos. Disfrutamos de las atracciones de agua, hasta que llegamos al tren de la mina, una mierda ahora, pero en sus tiempos no estaba mal. Total, a mi padre le advierten que debe colocarse la camiseta en la atracción. Él mira a su alrededor, dos chicas en bikini, y contesta que ellas tampoco llevan camiseta. Todo esto en agosto, en Tarragona, donde te fríes de calor. La atracción parada, empiezan los primeros reproches, luego insultos, nos ponemos a llorar. Mi madre le suplica: «Hans, por favor». Él le dijo al técnico, colocándose la camiseta al cuello: «Ya puedes empezar». Obvio que empezó la atracción y ninguno la disfrutamos. Mi madre bajó vomitando y yo iba blanca del mal cuerpo. Se nos fue pasando el disgusto poco a poco, pero menudo recuerdo, Johannus, menudo recuerdito. Ahora lo contamos partiéndonos de risa, pero en su día no fue gracioso para nada. Así era él, y otros altercados que no puedo detallar al detalle. ¡Madre mía! Qué don de la palabra tengo, voy directa al Premio Planeta 2025. Ahí lo dejo, guiño, guiño, codazo, codazo al jurado.

Llevo páginas y páginas evitando el relato lastimero de cuando trabajaba en pandemia. Se suponía que en mi planta era donde ingresaba gente que no debía morir. Como auxiliar, yo hacía mi ronda para tomarles las constantes vitales; cuando por fin llegué a su habitación, iba por orden. Me lo encontré que se había quitado la mascarilla de oxígeno, a saber cuánto tiempo llevaba así. Sus manos azules, su frecuencia y su aspecto me impactaron; llamé corriendo a la enfermería y al doctor, y yo ahí, solo sujetándole la mano, porque casualidades de la vida, su hija se llamaba como yo. No pude moverme ni hacer el resto de mis tareas, nada más que frotarle la mano helada y susurrarle: «Estoy aquí, tranquilo». Ni su nombre recuerdo; ya cuando se lo llevaba el celador no tenía futuro y, al año, ahora sí, su hija de verdad, Cristina, coge las manos de mi papito, sabiendo que tampoco había un futuro para él, y le hacía la manicura, ¿lo recordáis? Con masajito en las manos, caricias escondidas con guantes; recordad, íbamos equipados con el superkit de EPI más seguro del hospital. En fin, las vueltas que da la vida, y cuánto me acuerdo de la verdadera Cristina que debió recibir mi misma llamada. Y siento la misma impotencia...

Para mí, con el tiempo, veo que fue mejor no recurrir a una UCI y dilatar un final lento e innecesario en su situación clínica, pero, claro, que daría un cambio de opinión si hubiera sido al principio de la pandemia; ¿quién no quiere todo para su progenitor, padre, fuente de alegrías y disgustos, amor incondicional? Y con mi papito, no pudo ser; sigo enfadada por muchas cosas, pero la principal es que no se me entendiera, en mi familia, mi manera de actuar, autómata, asumiendo los dictados de los doctores, estoica, desecha por dentro, pero repito, soy muy buena actriz.

No soy única por contar mi historia; hay infinidad de personas que pasaron por algo parecido. El personal sanitario se cogía la baja constantemente por distintas situaciones; las que nos quedábamos dimos todo de nosotras. En mi caso, la salud y luego la mental. También suelo hablar solo del personal sanitario, pero muchos empleos no reconocidos trabajaron con el peligro del Covid en la espalda: las compañeras de limpieza, los compañeros del comedor, los transportistas que traían la comida, y así, incontables trabajadores en todo el mundo. Pero, siendo realistas, mi experiencia fue dura porque viví desde dentro la pandemia, y luego la pandemia se llevó algo de mí con la muerte de mi padre.

Ese vacío lo lleno con comida basura; siempre he utilizado la comida como instrumento para sentirme mejor, aunque nunca surgió efecto. Es una pesadilla en estos momentos estar más gorda que nunca, por dar explicaciones de mi ritmo de vida a gente que no debería ni preguntarme. Y luego, con mis más allegadas, algunas no han sabido llegar a mí; tengo pendientes conversaciones dolorosas, no hay culpables, solo que las dichosas expectativas lo joden todo. Debo aclarar que si estuviera delgada no me dolería menos el cuerpo; la fibromialgia no trabaja así; es el cerebro quien decide dónde duele sin tener ninguna dolencia concreta. Tengas el tamaño que tengas. Eso sí, la obesidad es un factor de riesgo para otras enfermedades, pero no para esta.

No sé por qué, pero ahora, desde el ingreso en la unidad de agudos de psiquiatría, he perdido esa unión que me reconfortó con mis hermanos después de la peor despedida posible. En mi cabeza, las hubo peores; para mí, era privilegiada que pudiera besarles y sentirlos más empáticos conmigo. Ahora noto otra vez ese rechazo que les produzco. No podré hablarlo porque ellos no son muy de sentimientos hablados; que claro que sienten, pero yo no les siento que estén bien conmigo. Es un conflicto, otro más que desestructura nuestra familia. No somos muy de terapias (ni que fueran accesibles si no tienes dinero), pero juro que lo propondré porque a solas acabamos gritando, sin oír lo que tiene que decir uno, sin escuchar y respetar lo que siente el otro. Somos así. Al menos soy sincera y no voy de *family perfectly*, que Instagram ha hecho mucho daño. Las falsas apariencias que esconden de todo: las parejas, las amistades; en toda esa necesidad de postureo, que soy yo la primera que quiero que me vean guapa y feliz en algún lugar veraniego, escondiendo lo mucho que me angustia mi falta de salud, de trabajo, de relaciones estables con mi familia, de ser una Karen durante tanto tiempo.

Eso merma mi autoestima; sé que soy querida por mucha gente, pero me falta un compañero, un karencio; si no, no puede funcionar. Que entienda de dónde vengo y sea comprensivo con mi pasado. Vale, ¿a quién quiero engañar? Ser una Karen también tiene muchas ventajas frente a las toxicidades que he visto aguantar a muchas amigas, que yo no hubiera permitido en la vida. Cuidado, no digas nunca «de esta agua no beberé», porque con el tiempo puedes acabar atragantándote.

No tengo mucho más que contar del centro; hago mis visitas y pronto empezaré la terapia psicológica, que le tengo ganas y miedo porque temo volver a abrir la caja de Pandora y echarlo todo por tierra, porque esa caja aún sigue llena y la temo: temor, ansiedad, puro estrés emocional de una vida silenciada por mi risa fuerte y escandalosa, cuando lo escandaloso son otras cosas. No puedo contarlas por vergüenza; soy muy sincera en cuántas pastillas tomo, pero no voy a contar la retahíla de cosas que me han hecho como soy; es más íntimo que reconocer que tomo medicación que tomaba mi padre y veo que soy igual que él exactamente, y no me gusta un pelo: negativa, falta de voluntad, dejadez y adicción.

«Quiero más pastillas para dormir», le dije al psiquiatra. «He venido aquí a dormir», fue de lo primero que le dije, en plan «por fin dormiré». Venía de una época en la que si dormía dos horas seguidas era un triunfo, y el dolor de la fibro y el cansancio de la fatiga me tenían desmoralizada, desquiciada, antipática y errática (llegué a gritar a mis sobrinas). Hacer o planear algo que sabes que no deberías ni pensar es una carga inmensa, descomunal, emocional, pero cada día muere alguien por accidente o por enfermedad. Aun sigo sintiendo que no sería una gran pérdida y eso no es bueno, nada bueno que siga pensándolo. Necesito ayuda y va más lento de lo que me esperaba.

También va muy lenta la burocracia del ICAM; me tienen sin saber nada de mi caso, mirando la cuenta a ver si he cobrado, visionando posibles futuros, en los que no veo que vaya a tener mucha suerte. Otra vez mi negativismo, pero es que suelo acertar, por desgracia. Soy bruja.

Vale, sí, he dicho mil veces que estuve ingresada voluntariamente en el servicio de psiquiatría, unidad de agudos. Mi Palau. Pero me he dado cuenta de que no he dicho más que dos cosas: que quiero a mi Maruja y que por las tardes me ponía tibia de horchata y el pastel con chocolate que me faltara de la amplia oferta que tenían; ¡oh, guapistu, tenemos que ir! Del horario también me he quejado: 8 a. m. desayuno más pastis, 9 a. m. libre, si no quieres participar en ningún taller del lunes, miércoles, jueves, de duración algo escasa y participación casi inexistente. A los nuevos sí se les invita a participar para dar fe de voluntad de curación, etcétera, o por puro paripé o voluntad real.

La mañana puede ser eterna si no tienes motivación alguna o una compañía. Allí dentro hay gente reincidente que lleva un mes encerrada, dando vueltas al edificio redondo, o eso parecía, zapatillas arrastrándose penosamente, uno cogido del brazo del otro, contando penas o sin casi hablar. Yo los observo; son gente senil o mal atendidos o comprendidos por familiares. También los hay sin familia y que ingresan por pura ansiedad y soledad.

Luego está el grupo de los fumadores, capitaneado por la faraona, que los lleva por los senderos del Señor, para su salvación, pero en realidad es la manera de llenar el vacío de su vida, politoxicómana, que pasa el mono aquí adentro.

Otras almas perdidas por alguna enfermedad, que las miras y solo ves su mala manera de comer. A una en particular, yo intentaba evitarla en el comedor, porque si la miraba no conseguía comer. Pero cuando jugamos con los perros, vino a jugar y les lanzó la pelota e hizo un gesto de triunfo al hacer caer varios bolos. ¡Ahí está! La persona que está atrapada en un mundo que no tiene espacio para ella y se ve encerrada en su cuerpo, pero su mente sigue ahí, viviendo pequeños momentos de grandeza para ella. La terapeuta estaba encantada al verla; seguro llevan tiempo trabajando en ella y ver resultados la tenía feliz y emocionada. Yo observo; mi Maruja también, y le tiene tirria a la faraona, o faraola, como dice ella. Me meaba. Yo le decía: «¿Quieres estarte por ti? Déjala, si es feliz riendo y cantando, está sobreactuando a mi parecer».

Mi Maruja y yo hacemos un grupito de cuatro personas más, distintas la una de la otra, pero ya nos sentamos juntas para tomar el resopón y darle al pico un rato hasta que nos echaban: «¡Venga, niñas!». La medicación iba sujeta en el palo de suero, esos que nunca ruedan bien y tienes que arrastrar tú, con nuestros cócteles de la cama al baño toda la noche.

Aún recuerdo el día que mi Maruja me dijo que odiaba hacer deporte. Estábamos en la sala de actividades, donde no iba el aire acondicionado en pleno julio, en plena ola de calor; estaba roto desde hacía años, logré descubrir. Yo escuchaba música tranquilamente, la serenidad en persona, con sus ejercicios de cuello para el bruxismo, las cervicales, etc. I va la tía, se monta en la única máquina de gym que hay, una elíptica, y empieza marcha atrás. Y yo, toda descolocada, muerta de la risa, digo: «Mi amor, no es así, pero ¿qué bicho le ha picado?». Yo: «Debes hacer fuerza con la rodilla y gemelos para ir hacia adelante». Lo acaba consiguiendo, y todas: «¡Muy bien, Maruja!». Y ella: «¡Jopetas, qué calor!». Cinco minutos se propuso, a la media hora otros cinco, para que luego digan que si querer es poder. Acabó reventada y no nos hizo caso, que tenía que hacer estiramientos. Más cabezona y no la sacas de ahí, que ya estaba por hoy; mañana más, y sí lo hizo, pero luego ya nunca más. Nos sentábamos con música de fondo, hasta que llegaba la inglesa, que sacaba solo su colchoneta, nos cambiaba la música de Cadena Cien a Flashback, pero le duraba también poco el brote de ejercicio y se iba, y volvíamos a nuestro ambiente relajado, muy necesario cuando necesitas que de las 8 de la tarde a las 10 horas pasen rápidas. Ya sabes qué pasa, ¿verdad? Te obsesionas en preguntar qué hora es y si te das cuenta de que apenas han pasado diez minutos desde que lo preguntaste por última vez, pues no es muy bueno para la ansiedad.

Me río porque si os digo la parte de la biblioteca que tenías para elegir, no os lo vais a creer. A Nostalgia Millennial le chiflaría; es más, creo que hasta ingresaría solo para verlo. Allá va la saga de *Érase el cuerpo humano* con mis glóbulos rojos, mis favoritos. Sí, señor, ni los toqué, me daban grima, no sé por qué. Ah, y también dos ediciones de *Poldark* (yo vi la serie), luego un par más de suspense, uno del señor King, y ya estaban todos. Una tristeza olvidada, como algunos de los pacientes que deambulaban; esos libros eran el desahucio de alguien, no una entrega para el entretenimiento (luego os cuento lo que hice yo).

Bueno, un par de colchonetas para que me enseñé a hacer yoga la serena (una compi muy serena con un nivel de yoga increíble). ¡Joder! Empieza con unos movimientos que yo: «¿Eh? ¿Me has visto como me he tumbado?». Me dijo: «Tú a tu ritmo, haz lo que veas que puedes». Y de la del gato enfadado no pasé y me puse a respirar conscientemente, que ese ejercicio se me da bien. Lo hago desde la barriga. ¿No sabéis respirar desde la barriga? Pues os lo recomiendo, aumenta el oxígeno en sangre y te ayuda a dormir mejor. Claro que vais a hacerle mucho caso a alguien que repite que estuvo encerrada. Cuando yo daba algún consejo, le señalaba la vía y le decía: «Eh, que estoy aquí contigo, no soy referente de nadie, solo doy mi opinión sobre el tema que fuera, pero suelo tener labia, no paro de hablar y parece que entiendo de todo y haya vivido tantas vidas como para entender la esencia de la vida. ¿Veis? Una charlatana, eso es lo que soy». Otra frase que les repetía era: «Eh, que soy una solterona con cuatro gatos», y se reían, pero a mí no me hace gracia, es mi vida y debo agradecer seguir viviéndola cada día, aunque la desperdicie escribiendo un libro que no podré vender nunca. Pero como me da tiempo rápido, solo por eso le debo gratitud, porque si tengo que pintar un mandala más, me clavo el lápiz color carne en el ojo.

La verdad es que ahora, echando la vista atrás, solo lo pasé mal mal al entrar y el fatídico día que descubrí que no eran siete, que eran diez días de tratamiento, que al final tuve un permiso de dos días; es decir, estar en mi casa, valorar mis cosas bonitas, a mis bebés, a mi madre, que a ella la he tenido siempre, y me odiaré y fustigaré durante un tiempo largo el haberle hecho pasar por esto.

¡NO SE LO MERECE! ¡SE MERECE SER FELIZ, CO-JONES, DE UNA VEZ POR TODAS! Y ser yo la fuente de su angustia. No dejaría de darme patadas en el culo si pudiera. Ella no está bien, pero tira para adelante por sus hijos y nietas. Se descoyunta al coger a la bebé para dormirla; luego le duele todo el cuerpo, normal, pero a la vez le encanta dormirla. Ella, su madre, solo es una teta andante, ji, ji, ji, y a su papá se le cae la baba cuando la ve beber solita de un vaso de agua. Siete meses tiene ya, ¡qué barbaridad!

También ya chapotean el agua de la piscina; por fin podré meterme con ella. Esta tarde, mi hermano pequeño, que ya está trabajando, me llevará a la torre y directos a la piscina. Eso sí es vida.

Volvamos al famoso Palau. A la 1 a. m. se come; a las 16:30 h se sale y tienes que hacer la cola para coger tu bolso. Quince minutos pierdes de media, según quién salga. Y digo yo, ¿no nos pueden dar las cosas a las 16 h y encerrarnos en el cuarto de espera en el que nos encierran cuando llegamos para no poder entrar nada al centro, nada indebido? No es tan difícil, porque la verdad, la logística me fastidiaba; esos quince minutos eran valiosísimos.

También tengo ideas para más talleres, pero claro, esos son recursos, presupuestos (luego me enteré de que las terapeutas eran voluntarias) y claro, tienen que tener ganancias; de lo contrario, no sería un negocio la sanidad privada. No reniego de ella, porque la uso mucho últimamente, pero creo que todo el mundo tendría que tener la oportunidad de ser atendido correctamente; no correctamente, sino sin tanto tiempo de espera. Eso sí sería lo correcto.

Tanto que se habla de salud mental últimamente, entró una diosa de la juventud, belleza etérea, pero si mirabas más de cerca descubrías sus cicatrices de autolesionarse. Le dan de comer aparte; eso lo hacen con anoréxicas o bulímicas. Le acompañan al baño cuando se cepillan los dientes. Ya he dicho, soy muy observadora y la Maruja que me lo chiba todo: «Mira esto, ahora mira aquello». Iba por el centro como por un campamento de viejos amigos: «Eh, abuela», llamaba a una con la que había coincidido en el ingreso o algo así. Como yo no iba a la sala de fumadores, me perdía toda la acción del centro, si se le puede llamar así, vamos, cotillear de los nuevos ingresos.

Esa niña sabía latín y sabía a quién arrimarse y quién era el jefe del grupo, o jefa, la faraola en este caso, hablándole a los auxiliares como si fueran colegas. A ver, que yo también tuve una interacción con ellos, pero no a ese nivel, sino desde el respeto de su trabajo. También querría hablar de la falta de personal en un sitio tan grande con necesidades especiales, ni psicólogo de guardia para escucharnos, porque las enfermeras se pasaban el día montando carros con montañas de pastillas, los auxiliares, las camas y el orden en general de comidas, entradas y salidas, y por la noche solo un enfermero y un auxiliar.

Cuando entré a la enfermería para pincharme, vi que las cámaras de seguridad seguían solo a unos cuantos, pero podrían vernos a todos. Me perturbó pensar que me hubieran visto rascarme el culo y luego olerme. Venga, va, no seáis remilgados. ¿Quién no lo ha hecho alguna vez? Pues vale, solo los cerdos, incluida yo.

A lo que iba, iban tan cortos de personal y más en verano, que una noche no teníamos enfermero. Dio la medicación un auxiliar (la preparó la enfermera del día) y hasta las doce de la noche no pudo venir de otra planta a pincharnos a la Maruja y a mí. Mi Maruja estaba que se subía por las paredes, indignada y con toda la razón. Dos horas esperando una medicación, todo muy normal. Eso pasa cuando no tienes plantilla de suplentes, quemas a tus trabajadores, los haces doblar turno por un mísero sueldo, comparado con lo que sería justo cobrar. Este hecho pasa en mayor medida en la salud privada: centros que tienen presupuestos para mantener un margen de beneficios. La salud debería ser pública y de calidad para todos; entonces sí estaríamos en un verdadero país de calidad del preciado estado del bienestar. Igual pienso de escuela y universidades y jornadas laborales de treinta y dos horas para la verdadera conciliación familiar, con el aumento de creación de empleo y un largo etcétera.

Yo es que no entiendo por qué es tan complicado que se entienda tal cual lo escribo. Mucho ignorante, señoros y otros elitistas, etc. Paremos aquí, porque no podría acabar de decir todas las injusticias que sufre el ciudadano de a pie. En fin, la vida. Porque si empiezo con los verdaderos desfavorecidos, no hay libros suficientes, ni vida.

El Palau en sí no me ha dejado una huella mala, es el compararme con mi padre lo que me atenaza el corazón; son las mismas pastillas lo que me sigue creando úlcera de estómago, es el estigma de haber necesitado un ingreso en la unidad de agudos para invalidar todo lo que digo o hago, a que mi opinión no es la correcta, mi comportamiento errático lo demuestra, ¿lo demuestra? Es la única manera en la que les llamo la atención de que mis palabras son tan verdad como verdaderas creen que son las suyas. Estoy confusa, dolida, triste por mi padre, por mi madre, que no se merece más escenas ni actitudes de ninguno de nosotros, ¿lo conseguiremos? Tengo dudas...

¿Os he contado mi salida del Palau? Me fui con mis mochilas por última vez revisadas, con un «¡venga, que te vas a casa!», palabras de ánimo de los auxiliares de enfermería. Me despido de un par de personas que me encuentro, no las veré más, les deseo lo mejor.

La salud mental es una pandemia en sí.

Me abren la puerta, tan rápido como se abre, se cierra, y bajo en ese ascensor que te sube al ático, quieras o no. Salir sola al mundo de la gente normal, sintiéndome fuera, aparte de ellos. Yo soy un número en la lista de los delicados en lo que concierne a su salud mental. Voy a tener otro estatus para quien lo sepa, que espero sea todo el mundo. Me alegro de que se sepa lo fácil que es ser uno de ellos.

Por más que confíes en tus fortalezas, da igual si te engulle la nada. Como en el libro de *La historia interminable*, vas a tener que luchar cada día para no volver a ser engullida por la nada.

En un mundo que no quiere verte tal cual eres, sino fingir que eres una de ellos, gente normal que vive su vida siendo ellos. ¿Y en qué me convierto yo?

No soy ni quiero ser un número, pero tampoco quiero olvidarme de la zona de la nada, la quiero presente, para darme garbo, vidilla, espabila, chica.

Me subí en un taxi donde me deja cerca de donde se reúne la tribu de mi madre, menos mal, porque mi tarjeta de crédito dijo tururú. Llamé a mi madre, que ya había llegado del médico y estaba con su tribu, y vino a buscarme. Llego, saludo, es todo lo que puedo hacer, como un autómata.

¿Cuánto me durará y cuándo volveré a ser yo, la de antes? ¿Eso se puede? Creo que no. Y si es sí, es con mucha perseverancia, constancia y gran dominio de conocerse muy bien.

Son muchos los años que soy consciente de mi yo. Ahora me obsesiona perderme y acabar como mi papito.

Él no regresó, él fue dos papitos para mí: el de la infancia y el adulto enfermo. Al del intermedio lo quería a morir, pero se me hace lejano en el tiempo, demasiados años en la nada estuvo él.

¿Os he contado lo de que fui de urgencias porque tenía los pies de una señora de ochenta años y me dolían horrores? Pues de esa urgencia me derivaron a cardiología. El caso es que cada día tengo más edemas y encima sin el Zaldiar. Sí, lo había contado. Total, que hoy tenía, o supuestamente tenía, cita con la psicóloga del CAP y no constaba nada en el ordenador, que ya me llamarían. Digo: ya que estoy aquí, que me quiten el dolor de la columna lumbar y los pies.

Sí, también estoy pendiente de traumatología, que quiere que haga rehabilitación, y yo lo que necesito es una resonancia y una infiltración. Total, que la de la seguridad social, con mis nuevos antecedentes y pronósticos, me pauta una mierda de Nolotil y que lo alterne con paracetamol. La gominola y yo, vale. Después del cabreo que llevaba porque las administrativas me dijeron puerta 13 y me estaban llamando directamente la doctora en la 15, pero claro, yo no lo oía. Así que cuando estaba ya agotada, les pregunto y me dicen qué pregunte al enfermero, y el enfermero: «Pero si lleva llamándote la doctora dos veces». Y mi bilis burbujeando porque ya no tengo vesícula, porque habría estallado ahí mismo. ¡Qué impotencia! Lo único bueno que he sacado es hora con la doctora de cabecera para renovar medicación, que, si no, se la lío parda.

Pensaréis que, por qué juego a doble banda, seguridad social y mutua, y mi respuesta es porque puedo y quiero segundas opiniones según el especialista. Ya lo veréis, ya, lo que pase, que creo que pasará, y la voy a liar muy gorda. Estoy harta de ser la correcta, ahora seré la que reclama sus injusticias.

Hoy, arreglando otro cajón del horror de fotos de mi madre, me he caído de la cama. Y diréis: ¿cómo? Pues me he sentado en la punta, con la rodilla mala, y he resbalado. Lo que mi madre tiene en ese lateral justo de la cama una valla protectora para bebés, así que encajonada entre la cama, una cómoda y clavándome la valla, no podía salir. No tenía fuerza mi madre para ayudarme a levantar, así que he dado culazos hasta poder salir del rincón y, en otro rincón, ponerme a cuatro patas para poder levantarme yo. Si esto continúa así, ¿qué pasará si un día me caigo en mi casa de dolor y no puedo moverme? ¡Qué escena más deprimente y a la vez tan cercana, porque ya me caigo y necesito ayuda en mi tiempo para levantarme! O un ejemplo: las señoras que salen del taxi y se les enganchan las piernas porque no tienen suficiente movilidad. Pues eso también ya me está pasando, y mi primer pensamiento siempre es: seguro que piensan que es por gorda. Y sé que ayudaría no estarlo, pero no es el determinante de lo que me pasa. Puedo estar delgada y mal de salud, y gorda saludablemente, aunque a día de hoy sí soy una gorda con factores de riesgo altos, más mis queridas crónicas que no ayudan en nada. Estoy chof. Es deprimente verme caer una y otra vez. En mi cabeza la gente se cae y punto, pero yo no. Si me sigo cayendo, me deprimiré y tendré ansiedad, y no quiero ni pensarlo.

Novedades, no os lo vais a creer: estoy ingresada otra vez, pero esta vez en Casa Jordi. No tiene nada de palaciego, está un poco en ruinas, no es su mejor momento, como mi casa, que es mi cuerpo. ¿Os acordáis que cogí hora para un montón de especialistas y al final tuve que pasar por urgencias, que me derivó a cardiología? Pues después de tres semanas esperando la visita de cardio, voy primero a la de urología, no sé si tendrán algo que ver la una con la otra. Total, que termino visita y me voy a urgencias porque estoy convencida de que de tanto que he engordado, me he herniado alguna lumbar o sacro, porque lo intuyo, porque me arde como la que tengo, la hernia cervical, y me da calambres en las caderas y ando como una anciana.

Bueno, cuando me toca, y la doctora me ve las piernas, se olvida de mi espalda y se centra en mis pulsaciones, que resultan bailan un poco. A la doctora no le hace mucha gracia. Por protocolo, orina, sangre y me dejan la vía puesta porque me quieren ingresar, y más placas, electro que no me dice cómo ha salido. Y le digo a mi madre: «No te asustes, pero me quedo ingresada para observación». Le dejan entrar a verme, parece tranquila. Yo le digo: «Estic tranquila», no sé si creerla, pero no se ha quedado a dormir, así que sí que está tranquila. El mejor lujo es el tener habitación privada en este contexto. En el Palau, ya recordaréis que era compartida y me hizo más bien que mal. En cambio, aquí en casa Jordi, es necesaria mi soledad, mi intimidad, mi espacio, etc.

«Estoy a la espera», decía. Aparte de tomarme la tensión, etc., ¿harán algo conmigo? Son las diez de la mañana, ya he desayunado a las 8:30, y gracias a tenerte (mi libreta-libro) puedo matar estas horas odiosas que van lentas como el caballo del malo. Es como decía el poema: cuando no tienes con quién compartir el tiempo, se ralentiza para mal. No tienes con quién pasar el tiempo haciendo nada. Se agradece la compañía, que ya llega cuando se termina su segundo café, no antes. Mi señora madre es una adicta a la cafeína por el café y la Coca-Cola, y luego soy yo la adicta a la Coca-Cola y al chocolate. Como lo que me pase sea algo relacionado con alguna de esas cosas, volveré a tener motivos para dejar de vivir (modo humor negro on). No veo una vida sin ellos, no lo podré resistir.

Resistiré, a comer chocolate.

Resistiré, a dejar el néctar de burbujas con color a chocolate.

Resistiré, resistiré…

Resistiré, frente a todos los diagnósticos.

Resistiré, a todos los encierros que tendré.

Resistiré, resistiré…

Acaba de llegar mi madre y ya la he mandado a por Coca-Cola y algo de comer porque, si al desayuno que me han traído lo tuviera que desayunar dirección, vamos, más de uno renunciaba a su cargo.

Es una vergüenza: ni una pieza de fruta, ni pan, dos paquetes de biscotes y una pequeña dosis de mermelada y mantequilla que, ya sabemos, no da para cuatro tostadas.

¡Coca-Cola! ¡Donettes! Mi madre es la mejor del mundo mundial. Le estoy leyendo algo para que me entienda y ver si se entiende lo que digo.

Se va a casa a coger ropa porque tienen el aire puesto de agosto y, como es central, hasta que no lo apaguen seré la reina de hielo. Mi madre me llama y dice la muy cochina: «Hola, aquí en la calle se está muy bien, hace calorcito». ¿Se puede ser más mala? También ha ido a que la vea desde la ventana, porque la verdad, la habitación tiene unas vistas maravillosas. De eso no puedo quejarme, la cúpula de Sant Andreu restaurada es una belleza.

Mi madre y yo siempre bromeamos con irnos de vacaciones con la pulsera del todo incluido, y como ya sabréis, al estar en el hospital te ponen pulsera y todo incluido. Esta tarde hacíamos la broma: «Mira, mamá, al final lo hemos conseguido. Toma pulserita, toma vistas», haciendo fotos a la puesta de sol como si de verdad estuviéramos de vacaciones y necesitáramos mercancía para el postureo.

Estábamos sentadas en el sofá. Yo le cojo la mano, pero solo para pasear mi dedo en sus uñas. Es una costumbre que no sé de dónde nace, pero me relaja ese contacto, con el cielo en el punto de la hora mágica para la fotografía. Nosotras sí estábamos de foto: *lovely totality amazing, a place in the paradise.*

¿Con qué más nos hemos reído? Vale, como persona con obesidad. Yo sí realmente me alimento incorrectamente, me se toda la teoría de memoria, pero en las prácticas es donde fallo, no puedo ser perfecta. Total, que con el lomo me he hecho un bocadillo con el pan. Digo, si tiene pinta de bocata, me lo comeré fijo. De postre, un plátano. Llevo sin comerme un plátano años, del asco, pues me lo he comido. Y adivinad, cuando ha llegado la cena, ¿qué había de postre? Yogur de plátano. Y es que odio los yogures, donde estén unas natillas… En fin, estas son las grandiosas cosas que me suceden. La vida me quiere putear, pero no sabe que tengo a mi madre trayéndome cosas de contrabando, porque en cuanto venga el médico mañana, lo primero será ponerme a dieta.

Me levanté bien temprano para que no me pillara la doctora en bragas. Total, 8 a. m., 8:30 desayuno. Esta vez me he hecho el truco de la mantequilla con azúcar y mermelada sin nada para poder comerme las cuatro tostadas del desayuno. Soy una crack. En el psiquiátrico ya lo hacía y se me ha encendido la bombilla hoy.

Hoy no estoy de buen humor. Ya sé que no pasará nadie hasta mañana. Pago mi mal humor con mi madre, que ella me obsequia con comida rica, muy, muy rica. Es la más bonita mi mamacita.

Total, la tarde eterna, hasta que llega una visita. ¡Mi vecina/amiga, cuidadora de mis bebés gatunos y yo de los suyos! Total, que ha venido a contar su mierda de verano. Lo único bueno era que no estaba en Barcelona, por lo demás, mierda. Sí es que no podemos pillarlo todo nosotras. Ella sufre de síndrome de fatiga, y una con inflamación corporal, agotamiento enfermizo y un largo etcétera que no recuerdo el nombre técnico. Pues la pobre con un esguince y dolor de muela que no encuentran el motivo. Mi no entender. Pero, como es algo de nosotras, será algo raro que le pase a uno de un millón de personas. Sí, este ha sido el análisis. Y luego de remate me ha traído lecturas mierder (revistas del *cuore*) y la mejor mierda, galletas de chocolate *supershock*.

Y luego, para descanso mental mío y de mi madre, ha pasado la doctora que justo me ingresó el viernes y ha dicho claramente que dejará escrito que venga a verme el cardiólogo y que mi barriga dilatada es un síntoma de la cardiopatía, es decir, que mi nueva barriga no era de gorda. La barriga sí, pero el estómago no. Menos mal que estaba mi madre delante, aunque sé que mañana me pondré al fin a dieta. Fuera chocolate y Coca-Cola, voy a morir el martes si tengo que comerme la comida de aquí sin el contrabando de mi madre. En fin. La vida.

Hoy me han llevado en silla de ruedas para hacerme un ecocardiograma. Da yuyu que te lleven encontrándote mínimamente bien. Vino la doctora casi cuando ya daba el día por perdido (vino antes de la eco) y flipó con todos mis numerosos diagnósticos y pastillamen psiquiátrico. Por la mañana me dijo una cosa y algo ha cambiado porque me han retirado el Seguril por una pastilla de potasio y me pinchan heparina para evitar los malditos trombos (sí, ya sabéis, ese tapón que se pone donde le da la gana y te jode viva).

Me he comido mi último *muffin* de chocolate sin saborearlo, con ansia, con miedo a que me pillaran, y bebido el último trago de Coca-Cola. Hoy es un buen día para morir.

No, en serio, no sé cómo lo haré, pero debo. Mi cuerpo me lo dice: él manda.

Un plátano y dos manzanas me he comido en estos cuatro días de ingreso, y son como un sabor nuevo que descubrir, como en un mercado de fruta vietnamita (lo mismito).

Con el agua tengo otro problema: no me gusta. Además, por la medicación creo que me ha alterado algo porque me saben amargas. Y no, no estoy loca.

Pero es debido, y beberé agua hasta atragantarme o vomitar.

Es raro porque en el Palau tenía que beber agua con la misma medicación y el agua no me gustaba, pero no era amarga. No sé, sigo aclarando que es real, no estoy exagerando.

Hoy llevo ya una extracción de sangre y, a la primera, este chaval sabía lo que hacía. Ha ido directo a tacto, sin verla, pero sabía que estaba ahí y yo no le he asesorado, que a veces les sienta mal, pero este enfermero, un 10 sobre 10.

Ya llevo puesto el *holter* o *holders* o como coño se escriba. Se me va a despegar fijo o me hará reacción todo el esparadrapo que me han puesto. ¿Cuál elegís? Ah, también está la opción de que me pasen ambas cosas…

Tengo unas ganas de que llegue mi madre y me traiga mi napolitana. Sí, ya sé que dijimos que empezaríamos la dieta, y es tan deprimente que, hasta no tener los resultados y la prohibición por escrito, me comeré mi contrabando. Sí, no tengo palabra ni voluntad, soy consciente de que me estoy enfermando yo sola, pero de algo hay que morir. Mil maneras de morir, pues yo elijo la de ser libre con la comida y la bebida, que a nadie hago mal con ello, y si me muero, nadie llore en mi entierro.

Mis wapistu, han pillado el mensaje y ahora me llaman para preguntarme; también usamos WhatsApp, pero oír su voz es de las mejores medicinas.

Una mujer recién casada, superenamorada, va a venir a verme; yo espero estar ya de alta, pero no voy a hacerme ilusiones, que las carga el diablo.

Acaba de llegar mi madre de tomar el café con su tribu y le digo: «¡Vaya horas de llegar!». Ji, ji, ji, soy más mala.

Vale, ya estoy aquí. He escrito cada salida a caminar y subir, bajar escaleras, dado vueltas por el pasillo como una loca del Palau. En fin, ahora toca dormir con este cacharro puesto y no me apetece. Estoy realmente asqueada, luego me autorriño porque no estoy con dolor, estoy fresquita y parece que solo será un pequeño fallo de arritmias ventriculares, así que ni tan mal. Pero, en serio, no sé si podré aguantar si no me dan el alta, mañana. No me pondré como una loca, como en el Palau, pero argumentaré que no estoy de acuerdo con mi ingreso o algo así. Ya veremos qué sale de mi boca delante de la doctora, que ha sido muy maja y cercana. La espero con ansiedad. Al ver la mañana, no puedo evitarlo, estoy tan aburrida que estoy limpiando el móvil de los «buenos días» y «buenas noches» de mi querida Maruja, porque me llenan la poca capacidad que me queda en el móvil. También he encontrado uno de esos pantallazos que guardas para algún día usarlo y nunca lo cuelgas en tu Facebook o Instagram, que dice así: «El único dolor que quiero en 2023 es el de un tatuaje». ¿Qué? ¿Cómo te quedas? Me queda un poco de 2023 para tatuarme. Con lo del dolor físico y mental ya no hay nada que hacer. Bonanit.

Buenos días tengan, queridos lectores míos. Me hallo en un estado de aburrimiento del día de la marmota. Me han quitado ya los cables, que estaban tan pegados que, ya sabía, me dejaron sendas marcas rojas alrededor de donde estuvo el esparadrapo. Nada, soy muy exagerada, unas rojeces, pero quiero dramatizar porque estoy en modo mal humor, negativa, no veo avances y mi madre no está. Me siento sola, aburrida de tantos días y no me duele nada. Soy una egoísta.

¡Yupii! Me acaba de confirmar una de mis personas abrazadoras (persona que abraza mejor) favoritas que va a venir a verme. Es más bonita y dulce…, dulce el que me ha traído ji, ji, ji.

Después de ponernos al día, o sea, mis múltiples diagnósticos, hemos visto con envidia e ilusión sus fotos más bonitas de su luna de miel en Tanzania: el Serengeti y Zanzíbar. Yo, cada vez: ¡un bebé elefante!, ¡un bebé monito!, ¡un bebé león! ¡Me muero de amor! Los leopardos y guepardos elegantes, el rey de la sabana esplendoroso con su color trigo, escondido en su hábitat, se deja ver en medio del camino. Una leona…, los pelos de punta. Una maravilla de la naturaleza, y pensar que hay gente que aún va a matarlos. Una vergüenza. No nos merecemos este planeta, salvaje y libre, con nuestra manera de destrozarlo. En fin, que me pongo en modo Greenpeace y no me lo merezco, porque yo formo parte del capitalismo, y como yo no puedo hacer nada, así nos va la vida.

Hoy estoy peor que ayer. Me da en la nariz que no me darán el alta. No sé, una intuición. ¿Cómo lo hice para aguantar en el Palau, con gente más enferma que yo? Pues porque me dejaban salir, esa es la clave. Aquí estoy, en cuatro paredes feísimas, sin cuadro ninguno, la pintura desconchada, manchas de humedad, grietas, una cama que me destroza cadera y espalda… Las luces, cuando entran por la noche, son como el repentino fulgor de una bomba atómica para mis ojos sensibles. En apariencia no hay ruidos, pero siempre hay algún motor que hace ruidos. Menos mal de los tapones, si no, me daría un ataque de ira. Tengo el aire acondicionado tan fuerte que hasta tengo frío, pero el frío me mantiene menos aletargada, menos lerda al hablar, más despejada. Pero quiero dormir todo el rato y no puedo. Ahora quieren recoger mi orina, pero si me voy hoy, ¿qué importa ya eso? Eso debería haber sido de lo primero, no de lo último. Y aquí estoy, atragantándome a agua caliente para al menos soltar una meadita. Recordad, tengo problemas en mi meato urinario, que tengo que encontrar un fisioterapeuta que me arregle el nervio tibial, que afecta a mi aparato urinario. ¿Algo más? ¿Me puede pasar algo más? ¡*Je suis prest*! Un coño de aquí a Logroño, no estoy preparada para tanta tontería, que solo me amarga la existencia.

Imagínate que llevas horas con una sensación apremiante de ir a orinar, y cuando decides ir, no puedes orinar. Y si voy cada media hora, salen gotitas, que me irritan más. ¿Os imagináis todo el día y noche así, con esa constante necesidad de orinar? Y cuando vas, debes ejercitar ciertos músculos, que no sé cuáles son porque no tengo fisio, y aprieto culo, vagina y lo que supongo es el meato, y a veces, solo a veces, consigo orinar. El resto de veces desisto, me levanto con el tatuaje de la tapa del baño en el culo y me voy hasta la próxima. En verano es cuando aumentan estos episodios; el resto del año lo intento ignorar. Si me obsesiono, más ganas tengo y menos sale. ¿Os imagináis vivir así? Yo llevo dos años, más o menos, y puede sacarme de quicio de maneras tóxicas. Lo pago con quien está a mi alrededor. Redoble de tambores: ¿quién es esa personita? Mi madre, la única y gran madre de la paciencia. Yo espero que me perdone, pero a veces le recuerdo que ella se orinaba al estornudar, y le digo: «Pues yo estoy en ese mundillo enfermizo pipiliano» (sí, me lo he inventado). Ten piedad de mí, yo sé de muchas personas que no aguantarían ni un día.

Tengo unas ganas de ir al urólogo de la Seguridad Social y decirle: «Haz bien tu trabajo, cacho p... Pide las pruebas que correspondan para llegar al diagnóstico». Así no llevaría ya tanto tiempo irritable, de mal humor, etc. Voy a seguir mejor bebiendo agua, sí, agua, no Caca-Cola, que es irritante para la vejiga. Lo que me irrita es a mí, porque eso me dijo, y pensé: ¿por qué medio planeta no está como yo?

Bueno, bueno, lo que me faltaba por oír: encima que soy yo la ingresada y no me llaman mis hermanos, llaman a mi madre, y con eso les basta para formarse una idea sesgada de mi diagnóstico. Voy a pedir a la doctora que lo deje por escrito, como favor personal, que mi pequeña arritmia ventricular la puede tener cualquiera sin saberlo. Yo llegué a urgencias por otra cosa y volvieron a examinar mis piernas, barriga distendida y arritmias ventriculares en el electro, pulsaciones por encima de 100, pues ya está, medicación y punto. Mi gordura es un factor de riesgo, no el causante de dichas arritmias. Es más, cada vez investigan más la fibromialgia y, adivinad qué, les da a las mujeres: correcto, arritmias.

Pero ellos lo saben todo, son «profesor liendre», de todo saben y de nada entienden. Quien entendió, entendió.

No estoy en ningún momento negando lo obvio: mi alimentación, que tiene mucho de TCA (trastorno de conducta alimentaria), diagnosticado por mí, obviamente: atracones, adicción a la Coca-Cola y chocolate, disminución de autoestima, aumento de peso; TCA sí o sí.

Pero lucho cada día muchas batallas, y ahora mismo que mis hermanos solo crean que soy una gorda loca no me gusta mucho. Además, prefiero el término «Karen» delante, es decir, soy una Karen loca y gorda.

Así mejor, ¿verdad, hermanitos míos? ¿Os gusta más así?

Ya volví ayer a casa al mediodía, pero estaba muerta de calor. Aire acondicionado, nunca te olvidaré, jamás, amor mío…

Estaba muy cansada e ilusionada, pero mis gatos me ignoraron. Mi madre arregló los areneros, etc., se va, besos de amor compungido, se lo noto en el rostro. Yo me dedico a cambiar las sábanas, limpiar la zona de la cocina de los gatos, que era un desastre, con pienso por todas partes, mis bebés.

Puse mi bajera de 120 hilos para resbalar en la cama (dinero, puto dinero). Me lavé el pelo con la tranquilidad de estar en tu casa, me puse mi producto vegano para el tratamiento *curly*, mi difusor. Por fin veo mis rizos decentes; en el hospital se me hacen rastas naturales de la fricción con la almohada, cosas del pelo rizado maltratado como el mío. ¿Os he dicho que lo llevo de color rosa? O fucsia flúor, a veces, y toda la raíz negra, que es color ceniza, pero al contraste parece negro, como me dice mi brujita (una de mis sobrinas): que parezco la Cruella de Vil pero en rosa. ¡Si le encanta! Hicimos el tema de Cruella de Vil para su tercer cumpleaños. Le regalé el disfraz con el cigarrillo y las perlas incluidas, una pasada. Le encrespé y teñí de color blanco media cabeza. Iba encantada con su varita. A todo esto, ¿os he dicho mi diagnóstico? ¿No?

Primero, una insuficiencia venosa con edemas en miembros inferiores (ambos). Segundo, extrasístoles frecuentes (arritmias), alteraciones del ritmo del corazón. Tercero, insuficiencia mitral ligera (una parte del corazón). Cuarto, hipercolesterolemia (vale, lo tenía casi previsto).

Con el primero, he estado casi tres semanas con los pies de elefante, con su dolor incluido. El segundo, algunos acelerones noté, pero no para darle tanta importancia. Con el tercero, tengo que estudiar mejor sobre la válvula y su evolución, y con el cuarto, pues comiendo solo procesados y bollería, no, si era de lo más normal que saliera algún día. Pues ese día llegó.

Ya estoy medicada para todo, adivinad, hay pastillas que no las cubre la Seguridad Social, así que…

Hoy he dormido bien, me he quedado en la cama hasta las 10:30, una gozada. Y seguro que fueron las sábanas de *rich*, aunque a las ocho me he levantado a mear cuatro gotas, cinco incómodas. Pues eso, que he seguido durmiendo. ¡Toma ya! Lerele, lerele, qué feliz me hace dormir bien después de tantas malas noches. Ahora, eso sí, ha sido levantarme y dolerme hasta parpadear: calambres en las caderas, quemazón en las lumbares y un largo etcétera que no viene al caso.

He terminado ya con los álbumes familiares y las cintas, un chasco. Son seminarios de *taijitsu* de un japonés muy famoso en Francia, en París. Sale unos minutitos mi padre con su clase, y oírle la voz ha sido emocionante y triste, muy triste, pero le he oído reír, así que ha sido emocionante y luego triste, muy triste. En fin, la vida.

Ayer, si no hubiera sido por todo el dolor que pasé, hubiera sido un día perfecto. Os cuento: yo tenía unas ganas inmensas de ir a la playa porque, ¿recordáis mi último bañito? Pues decido ir hasta la parada de autobús, que no está nada cerca (al menos para mí en mi situación) con mi madre, obvio. Pudimos sentarnos y llegamos, que veíamos el agua. Bajar unas escaleras y la playa de Llevant. Mi madre se cuela entre la gente para estar más cerca del agua. No me gusta hacer eso, me siento una intrusa. En fin, tiene mucho desnivel hasta llegar al agua, pero soy de las que se quita el vestido y ya está metida en el agua. Mi madre, igual. Para ser Barcelona, he de reconocer que el agua estaba limpia. Me veía los pies y mi manicura, quieta como una piscina, una maravilla. Dos buenos bañitos y le propongo ir a comer pronto a un lugar del Diagonal Mar que es caro, pero para mí merece la pena, y eso que no soy de carne en las barbacoas, pero este sitio me gusta. Brasa y leña, no necesitas salsas. Los trozos de carne vienen en forma de pincho y te cortan en tu plato: salchichitas, alas de pollo, pavo tierno y jugoso, panceta, secreto, ternera, lomo. Mi madre flipó, dice: «Siempre me llevas a sitios chachis», y yo: «Mujer, es un restaurante normal». De postre, un pastel de chocolate inmenso, y mi madre piña asada con helado de coco, buenísimo. Y para acabar, una caipiriña, nosotras sin alcohol, de lima y maracuyá.

Entonces viene el desastre. En lugar de marcharnos o volver a la playa, nos acordamos de que está el Primark y Ayla tiene ocho meses y cuando haga el cambio de tiempo no tendrá qué ponerle. Total, como loca, esta talla sí, esta no, ves que es igual, está mal etiquetado. Y yo ya con las lumbares ardiendo y cansada, muy cansada. Para mi consuelo, me compré una camiseta de dormir de Stitch con la muñeca de Lilo, Scrump, y adivinad, tenían el peluche. Lo tuve que comprar. ¿Os había comentado, ya que empecé una colección de peluches típicos y no tan típicos de Disney? Pues sí, soy una niña. Mi última adquisición fue un ET, no podía pasar la oportunidad. Ya sé, no es de Disney, pero Desdentado tampoco, y tengo a Furia Nocturna y Furia Diurna. ¿A quién más tengo? Dumbo de bebé, sí, también a Timoteo. Tengo a Mushu, directo de un encargo de Disneyland París. Bueno, un Stitch, obvio, una Marie y un Tambor, que llevan bigotes de mis gatos, ji, ji, ji, ji.

Total, que aunque me compré caprichos, estaba muerta. Salimos, mi madre cargada como siempre, como una mula, y yo dando bandazos. Entre el calor, que me cago viva, y no llega el bus, propongo taxi, pero nada porque hay una parada cerca y no paran. Llega por fin el bus, repleto de gente. Al final conseguimos sentarnos, muertas. Llegamos a casa, me ducho y me doy cuenta de que mañana es domingo y el lunes festivo. Mi nevera hace eco, la llamo por teléfono y le pido que me acompañe a comprar porque no puedo ni andar. Voy con el carro, que una vez lleno le toca a ella subirlo a casa. Me siento inútil en esos momentos, pero claro, es que me duele todo y no puedo obviarlo, que ya necesito ayuda para realizar tareas.

Antes, un día así habría sido cansado, pero ahora es un cansancio doloroso. Hoy, recoger la mierda de los gatos ha sido doloroso, y acabé empapada en sudor. Esa gente caga como hipopótamos, y directa a la ducha. No me seco el pelo porque es más cansado usar el secador, etc. No estoy triste, pero sí estoy apática. Me cuesta sonreír, y mi madre no se lo merece, pero hay momentos en los que debería sonreír, aunque sería mentira, y acabo por no hacerlo. Demasiado esfuerzo.

MI NUTRICIONISTA. UN SEÑORO QUE, EN MI OPINIÓN, ¡DEBERÍA JUBILARSE YA!

Vale, os pongo en situación. Yo ya tenía cogida una cita con un nutricionista antes de todos los problemas que he tenido de piernas y corazón. La cardióloga me recomendó que cogiera hora, y yo: «Ya la tengo para la semana que viene», y ella: «¡Qué bien, qué rápido!». Y yo: «Sí, soy medio bruja, ya os lo dije».

Pues me presento, le doy todo lujo de detalles de mis últimos ingresos, mis múltiples dietas en mi vida (con la fibro no hay ejercicio que queme grasa; para eso tendría que comer solo lechuga). Atención a lo de ahora: me dice que en su dieta se come mucho, pero lo correcto, solo ensaladas. Y yo: «Sí, puedo hacerlo, ya lo he hecho otras veces, pero debes saber que soy adicta a la Coca-Cola y al chocolate. Un día sin tomarlo y tengo dolor de cabeza». Y me dice que me vaya a mi psiquiatra, y cuando eso esté solucionado, me dará su dieta. Y yo, incrédula, flipando en colores, le digo: «Necesito ayuda, una medicación que me ayude con mi hipotiroidismo subclínico», y él: «No, tus tiroides están bien en las últimas analíticas, no lo necesitas». Me he levantado y me he ido con cara de circunstancias, y mi madre, interrogándome. Se lo cuento y también flipa en colorinches. No pasa nada, buscaré una segunda y tercera opinión, hasta encontrar a alguien que quiera ayudarme, porque lo estoy diciendo, sola no puedo.

Sigo dándole vueltas al tema, y cada vez me crece más la úlcera de estómago. Qué mal sabor de boca. ¡Jopelines, reconcholis! Me hago cacotas en tu inocente madre, SEÑORO.

Otro día, mi madre me pide que sonría con la mirada, ¿y cómo se hace eso si estoy en la ruleta de la desidia? Y el dolor corporal de cada mañana… Ni la sonrisa forzada a mi sobrina de tres años, ni la sonrisa celestial de ese bebé de ocho meses que me arruina las cuentas corrientes. Ni consuelo en la comida chatarra, que quiero comer a todas horas. Hoy compré tomates, fruta… Es un pequeño paso en el supermercado, pero una gran hazaña en mi nevera. Uff, nevera, frío, morgue… No sé por qué esta correlación de palabras me lleva de nuevo a la imagen de mi padre embolsado, como si fuera otro producto del refrigerador. Estoy un poco desquiciada con estos pensamientos porque me sobresaltan de mi estado de autómata del día a día, de sobrellevar el dolor, el cansancio, con el mal humor. Y ahora, a estas horas intempestivas —son las once y media de la noche, pero para mí como si fuera la madrugada—, estos tétricos pensamientos, ¿a qué vienen, a molestar? Pregunto.

De las fotos, casi todo arreglado, y de los vídeos están en el *pendrive*, con la escasa visibilidad de mi padre con el *taijitsu.* Y en otro, treinta minutos de mi comunión: desenfoques, suelo, escotes de las familiares (sus sobrinas). En fin, los noventa, todo muy noventero. Eso sí, podría haberme sacado una sonrisa; pues tampoco me he enfadado por la poca calidad de imagen de mi vestido, mi pelazo y mis jetos de gruñona. Modo gruñona ON. Para dormir, voy a abrir el difusor que induce el sueño…

Ahora entiendo los velatorios de antes, en casa, cercanos. Poder besar cuantas veces quieras sus manos, su frente, acurrucarte debajo de su brazo y susurrarle al oído todo lo que no se dice en vida porque somos una panda de ineptos. En mi casa ahora, después de los circuitos de besos, se acompaña de un «*t'estima molt la tieta*» o un «*us estimu*» en general. A mi madre: «Te quiero», y ella: «Yo más». Así hasta la eternidad.

Los velatorios fueron tan necesarios en la pandemia, puedo entender el vacío que se traga sus lágrimas. ¿Por qué ya no las hay? ¿Las hemos terminado todas? O no… En el cementerio con música sigo necesitando ese vínculo armonioso de dulzura y dolor por la ausencia de quien no debería ausentarse.

Alguna lágrima gotea en mi regazo, en la mano donde tengo el móvil, enturbiando la pantalla… ¿O es mi vista la que lo está?

Yo siempre digo que tuvimos suerte, y la gente no lo entiende. Pues es muy fácil: en la pandemia ingresabas y te llamaban a los días a decirte si estaba vivo o muerto. Luego, si se alargaban los días y pasaban de hablar a ahogarse y necesitar intubación, la familia no podía reaccionar. Es como la muerte repentina de cualquier persona que sufre un accidente. De enfermedad, las mentes no están preparadas para eso.

La mía sí estaba cualificada para entender su deterioro y su pronta marcha, y aun así, aquí estoy, dos años después, echándolo de menos cada día más.

Me compadezco de quien no esté preparado, puesto que yo he deseado irme con mis medios, silenciosa, para escabullirme de tanto dolor. Y por mi madre no lo hice ni hago, pero no puedo prometer nada. La depresión, cuando entra, suele transformarlo todo, y además encima dicen que tú lo eliges. ¡Qué barbaridad! Ella te elige a ti, por tus circunstancias, etc. Y cada uno lo lleva como Dios le deja.

Porque si estás insinuando que mi padre pudo hacer más o sugieres que tanto no nos quería (por su larga depresión, yo llegué a pensarlo), ya puedes pirarte de mi libro. Porque no entiendes nada. Es el cerebro: las transmisiones entre neuronas no funcionan correctamente, ciertas sustancias y sus procesos químicos tampoco, ¡pedazo de capullos! Nadie lo entiende. ¿Qué va a querer si no mejorar una persona normal? Pero la depresión es una enfermedad cabrona que entra fácil y a veces no sale. Se incrementa en tu día a día y te vale todo verga, y ni medicación ni voluntad que la frene. Porque, ¿acaso los luchadores de un cáncer que tristemente mueren es que no pusieron toda su voluntad para ganar la batalla? Es de estúpidos pensar diferente con las enfermedades mentales. Yo no le pongo voluntad a comer mejor porque me gratifico con la comida. Es mi puente a intentar seguir. Mañana comeré mejor y luego como algo rico, y *asín*...

Tengo la semana planificada, una manera de salir de casa. Eso sí, esta semana tocan médicos importantes: el psiquiatra, que espero por fin me dé cita con una psicóloga, y la de cabecera, a la que le llevaré todos los informes de lo que me ha pasado, para que se dé garbo, no se duerma en los laureles, se dé prisa, se pongan las pilas con mis informes para cuando el monstruo del ICAM llame al timbre de mi puerta y suba una cartera con una carta. Yo le abriré con mis dedos temblorosos, leeré la citación para el juicio final (así lo siento). Será un antes y un después de algo, y ese «algo» me tiene acojonadita.

Tengo malas sensaciones o vibraciones con el psiquiatra. Yo ya sabía que se pondría del lado del endocrino, pero que su gran aportación a mi situación ha sido (redoble de tambores): *LA FUERZA DE VOLUNTAD* para también adelgazar, aun sabiendo que tengo muchas enfermedades que me lo complican. Es igual, para ellos solo soy una gorda sin fuerza de voluntad. Y yo os estoy pidiendo ayuda, os estáis pasando a la gorda como a una pelota, tal cual. Y yo, aún sin psicóloga, porque me da cita para noviembre cuando el doctor ha dicho: «Nos vemos en un mes y me cuentas qué tal con la psicóloga». Y yo, pues no he tenido. En fin, ni las mutuas son la panacea, ni la seguridad social es tan mala. Este es mi resumen del día. Mañana toca seguridad social con mi doctora de cabecera, que no estará. Así que, a ver a quién ponen, si quiere escucharme o ignorarme…, ya veremos.

Sí, efectivamente, me ha ignorado. No había acabado de hablar que ella ya estaba de pie para abrirme la puerta. En fin… la vida.

Lo bueno de ponernos borde cuando tienes la razón: ¿adivináis quién me ha llamado para tener cita hoy con la psicóloga? Correcto, los del Palau, para esta misma tarde. Y yo: «Perfecto, muchísimas gracias». En el mostrador, la administrativa, a quien le había recriminado la sinrazón de no tener cita, le he pedido disculpas por mis maneras. Pero es que estaba nerviosa, bla bla bla. No cuesta nada ser agradecida, después de que tú has ido con un poco de agresividad y alevosía.

La doctora ha oído en cuarenta minutos el libro que llevo escribiendo hasta el día de hoy. Ha sido muy intenso, o mejor dicho, yo he sido una bomba de palabras. La pobre no conseguía ubicar lo que contaba en el tiempo. Lo mismito que a vosotros. Me ha puesto deberes y metas, ya veremos. Siempre he sido muy vaga para hacer los deberes y más si son difíciles:

1. Pensamientos que, cuando me vengan a la cabeza, me hagan sentir mal.

2. Objetivos que me gustaría conseguir al hacer la terapia.

Nada, ¿verdad? Supersencillo todo, algo que surge del día a día.

Llega el último puente de verano para los de Barcelona, son las fiestas de la patrona de la ciudad. Total, que mi hermano pequeño, por intentar ser amable, nos invita a pasar el fin de semana en la torre. Es tan amable que ellos suben el viernes y él vuelve a bajar a buscarnos a mi madre y a mí en Barcelona para volver a la torre. ¿Para qué? Para relajarnos, ver y estar con mis sobrinas. Y lo que nos regala es un fin de semana de gritos y discusiones. ¡Oh! Pua, pua, puaa…

Qué chasco de familia, con lo fácil que es no gritar. Yo, en el esplendor de la batalla, me llevo a mi sobrina y le digo: «Vamos a barrer». Angelito, sabe que pasa algo, pero no sabe qué. Me pregunta: «¿Qué hacen?». Y yo: «Recollir (recoger), y tú y yo a barrer, que está todo muy sucio fuera». Ella: «¡Vale, tieta!».

Luego, un día soleado, todos con buenas intenciones de pasar un buen día. Creo que lo conseguimos. Vamos al mercadillo más grande de Tordera, donde por fin consigo comprar mis flores para mis enanos de jardín y poder cambiarlas. Y menta, me encanta la menta, olerla en chicles y caramelos, sí, pero la odio bebida, ¡qué asco! Así que no me puedo hacer la *cool* pidiendo mojitos en los bares cuando se puso de moda. Ahora ya no sé lo que se lleva, hace una década que no salgo.

Luego, me reventé el cuerpo para ir a ver a montar a caballo/pony a mi sobrina, por un sendero ancho de gravilla con un arbolado muy sereno. Los eucaliptos me encantan, son mi segundo árbol favorito.

El lunes bajamos en tren a Barcelona y los dejamos unas horas solos. Ellos viven con mi madre (se juntó que les subían el alquiler y ella se quedó embarazada, y la echaron del trabajo cuando se enteraron, sí, esas cosas siguen pasando). En realidad, ella está encantada, ve absolutamente cada avance del bebé, y la otra nos sorprende con algo cada día. Por ejemplo, ha relacionado que si hacía caca en el váter le caía un regalito, un premio. Ya ni se mea, caca perfecto. Y cada vez va a reclamar: «¿Y dónde está mi regalito?». Pura interesada, con tres años, el moco ese.

Pasan los días, las citas médicas, todas decepcionantes. Estoy un fin de semana encerrada en una casa con mi pony, mi caballo más precioso del mundo, Juno, Junito.

Sus papás se van de boda y yo soy su compañera. Aire acondicionado a tope, me compró comida tóxica para mí y jamón de pavo para ella. Me trago dos temporadas de series varias y un par de pelis…, ¡planazo!

Vuelta a mi rutina de médicos. Me voy de urgencias, no ando bien desde hace tiempo. Resonancia, perfecto, un domingo, adoro las mutuas.

Mañana, dermatólogo. Espero que me quiten un par de pecas de bruja. Ya sabéis, las que tienen bulto, y las peores, las que le crecen pelos. Tengo unas cuantas, cruzaremos los dedos.

¿Os he contado que mi primer trabajo como auxiliar fue en un psiquiátrico geriátrico? ¿No? Qué fuerte. Entonces, no os he contado que también estuve primero al otro lado, asistiendo y ayudando, como en la pandemia. Y al final estuve dentro de uno, fui una paciente.

No me hubiera gustado ser mi auxiliar. En esos tiempos de juventud e inexperiencia, nos hacían asumir tareas de enfermería y, por pura ignorancia, lo hacíamos. Poco duraba el personal en ese sitio, que años después me contaron que lo cerraron porque no cumplía los protocolos. Seis meses duré yo, y vivo con la conciencia intranquila del trato que le daba a ciertos pacientes, sin empatía, sin recursos, y desbordada. Gritaba, no pedía, gritaba porque, a una niña de diecinueve años, una panda de dementes crónicos residentes no me tenía ningún respeto, y te lo tenías que ganar de alguna manera, imponiéndote con tu 1,50 m y pacientes de 1,90 m o bajitos como tú, pero con una fuerza desmedida.

Una vez crucé la puerta de enfermería, que iba con timbre, sin saber cómo, del empujón que me dio un paciente (justo el de 1,90 m). Le dejé pasar, coger todo el tabaco que quiso, y se fue.

Para pasar a la enfermería, desde dentro era como una casa residencia psiquiátrica. Teníamos el timbre para dejar entrar y una cámara en blanco y negro (claro, estoy hablando de hace dos décadas) que mostraba quién era, y nosotras decidíamos si lo dejábamos pasar. Pues recuerdo a una que tenía aspecto de niña, la vestíamos con su ropa de niña, la peinaban con sus diademas y era un tanto intensa y pesada. Pues una tarde de fin de semana de resaca bailonga (porque yo todos los fines de semana salía de 12 h a 3 h, sí o sí, pero no bebía en esa época, era abstemia), la niña/adulta quería sí o sí entrar, y nosotras no. Pues no sé cómo lo hizo que decidió ponerse delante de la puerta y vomitar, y vomitar en cantidades inimaginables, os lo juro. Y nosotras ahí, dos chicas de diecinueve años plantadas con la mirada fija en la pantalla, sin movernos, extasiadas por esa película gore en directo, de cine mudo en blanco y negro, pero cautivador. Las risas fueron explosivas, de incredulidad de: «Yo no salgo o poto», y así en bucle.

Y ahora, ¿yo he pasado a cómo qué? ¿Semidepresiva, semisuicida, con intención de semisuicidio, o como paciente y punto? ¿Qué fui? ¿Qué soy? ¿Estoy en recuperación o en estabilización? ¿Estoy en negación o aceptación? No tengo respuestas.

Octubre y me he bañado en el mar. No es un buen resultado para el cambio climático, pero como me decían en la terapia, fibrocamina. Uno de los peldaños para seguir adelante es buscar tiempo para hacer cosas que te recompensen, y aunque me cueste ir al autobús, mi cuerpo cubierto en el agua lo vale. Mi piel acariciada por el viento con un sol que calienta mi espalda, lo vale. Y tener a mi madre al lado también lo vale. También lo vale reírme de ella y su gorra de vieja, lo vale todo, vaya si lo vale.

Con esto de los deberes me he quedado pillada en un pensamiento recurrente: no soy la única a la que le pasa que está medio consciente de que ya es 2023, pero me siento en 2020, atrapada por toda esa vorágine, locura, noticias, vivencias. Entierro a mis abuelos, parpadeo y ya estoy enterrando a mi padre. No sé si me duele más el cuerpo por las hernias, la fibro o todo el dolor de coco. Esa hecatombe que hemos sufrido lo aumenta y lo disipa, porque ya estamos a finales de 2023 y ¿qué ha pasado? Lo que nos ha llevado a este punto, pero ¿dónde? ¿Qué es esto? ¿Cómo he llegado aquí? Aún le doy vueltas y flipo como acabé repitiendo lo que tanto tardé en perdonarle a él, y voy yo y tan fácil me tiro en brazos de un letargo, meses de cama y ver pasar el día a día desde la cama, sonámbula, pero del todo despierta. No entiendo nada, voy medicadísima, ¿será eso? O será que no tiene lógica, ni puta lógica todo lo que he vivido.

Igual de extraño es bañarse en la playa un trece de octubre y sentir que es julio. Los veranos eternos y sofocantes que nos quedan por vivir, pero eh, fui a la playa, que me encantó, ya lo he dicho: pelo mojado, tumbada en la arena con una brisa que hace cosquillas y el sol calentándome la espalda. Para mí, ese es el momento perfecto después de salir del agua, porque siempre prefiero estar en el agua, y más si está fresquita, es un gozo. Mis pechos libres de ataduras, flotando como boyas, y ver mi manicura clara en el agua más limpia que en otros sitios llamados paradisíacos, un gozo, ya lo he dicho, ¿por qué no repetirlo? Pocas cosas son las que me hacen sentir así y olvidarme de mis dolores, que están, pero el poder de la mente lo puede todo cuando estás disfrutando.

Yo estoy siguiendo la terapia: buscar sitios donde hacer algo que me haga feliz, y ese es el agua en el mar. El de la piscina no me da tanto, me gusta y ya, pero la playa es un desierto en la ciudad, un oasis entre tanto edificio. Cómo me gusta Barcelona y mi barrio, que parece un pueblo con su calle central de tiendas, su rambla de restaurantes y sus callejuelas en el interior. Tengo una favorita, sus árboles están creciendo en forma de puente y tiene una floración lila explosiva, y desde una esquina ves perfectamente el Tibidabo en lo alto, culminando la ciudad. Qué bonita es, y sus adoquines iguales al que tengo tatuado, la adoro.

Sabéis lo que sí odio, es esperar a la gente que llega tarde, lo llevo fatal. Si yo llego tarde es distinto, algo me ha ocurrido (me cago), porque tengo el síndrome de ser puntual, y demasiado incluso, con el resultado de esperar a que sea la hora y aparezcan, y lo tarde que lleguen. ¿Para qué salgo si sé que no estarán aún? Mi madre tiene el mismo síndrome, extra-hiper-preparada, puntual, y solo al verlo en ella veo mi reflejo, y veo lo mal que estamos.

Adivinad, resultado de resonancia magnética lumbar, conclusión: discopatía L4-L5, contacto con la raíz derecha de L5. Si yo no sé para qué pido más pruebas, si siempre me sale algo. Si es que no se tiene que ir buscando, si buscas, encontrarás.

Ya veré qué hago, porque ando como una octogenaria, no os miento. Mi vecina del primero con el tacatá va más deprisa, que la veo yo subir la cuesta de mi casa y yo tardo un pelín más.

Pero siempre podría ser peor, y con esa premisa debo vivir, porque si no me cagaría todos los días en la mierda de vida que tengo, y en realidad tengo que dar las gracias por muchas cosas. Por la salud no, por el trabajo tampoco, por el dinero menos aún, ah sí, por la familia. Mi madre la une con su fortaleza, mis amistades, las viejas y las nuevas, por el amor incondicional del animal más bello de la tierra: mis gatos, mis lindos pexioxos gatitos de mami.

Adivinad qué ha sido lo primero que me ha dicho mi madre cuando ha leído mi nueva discopatía lumbar. «Pues claro, por gorda». Que tenemos que hacer algo. Esa discopatía ha salido ahora, ¿cómo puede llevar ahí años y dolerme ahora? Es decir, sé que estoy gorda, pero ¿ayuda en algo que por todo añadas que por gorda mejorarías en tal y cual...?

Aburre, es cansino y al final de mal gusto. No sé cómo explicar que mi rigidez muscular y mi cansancio al movimiento es doloroso, y que si fuera delgada lo tendría igual. Pero cuando no quieren entender y solo ven a una gorda, pues o me queda resignarme o, en mi caso, enfrentarme y defenderme. Que ya lo sé, que estoy gorda.

—¿Si dejo de estar gorda se va todo?

—No, pero mejorarías. —¿Cómo coño lo sabes si soy la primera hija que tienes con fibromialgia? Lo que te molesta es que esté gorda, punto.

Que yo no me niego a la idea de adelgazar, solo que es simplemente un arduo y laborioso trabajo, de años de mala relación con mi cuerpo. Lo digo como niña no gorda tratada como gorda, que lleva muchos años de dolor, odio, asco a un cuerpo normal, y ahora, con la que me está cayendo, y si estoy realmente gorda, lo que menos me importa es serlo. Quiero estar saludable, ágil, enérgica, y eso solo estando delgada no lo encontraré porque mi enfermedad no funciona así.

Hoy me ha sentado mal porque estábamos buscando vestido para un proyecto fotográfico y no encontraba talla, ni en Shein. Al final sí, uno más caro, ¡cómo no! Ya veremos si lo compro o no y participo, pero sería yo quien perdería la oportunidad de tener algo único, así que puede que sí lo compre, al fin y al cabo, ese pone que me cabe.

Sé cómo suena, muy frívolo hablar de tallas cuando estamos en la actualidad en una vorágine de guerras, desinformación, mala política, intereses privados y ver una y otra vez imágenes de niños heridos, o peor, muertos, por el mero hecho de vivir donde viven. Si crees en el destino, ¿qué crees? ¿Por qué unos estamos aquí y otros allí? Si lo pienso no le veo sentido a ser elegidos a tener cierta vida o desperdiciarla, como yo siento ahora con la mía. La comparo, y con todas las facilidades que me ha dado la vida, mi familia, puedo llegar a desmerecer todo eso, sentirme vacía, apática y sin valor alguno. Que necesito terapia ya lo sabéis, estoy en ello, pero va tan lento que me aburro de mí, de mis pensamientos globalistas, futuristas, sobre la astrología (porque no creo en ella, que si no también). Pero sí creo en las cartas y en gente con el don, pero no cualquiera.

De verdad, en el caos de mis inseguridades alguna genialidad podría crear para empoderarme; creí que con no depilarme ya lo hacía, pero no ha cambiado mucho mi mundo. Ah, eso sí, he pedido hora en la peluquería y puedo ser muy loca o tradicional, según me levante, según la peluquera que me toque. Depende, ¿de qué depende? ¡Ay, Pau! He tenido que hacerme mayor para entender tus letras.

Sola, sola en el olvido, sola, sola con su espíritu, en la silla de mi casa, escribiendo desde el corazón y mis desvaríos varios. Pero, ¿a qué me adoráis un poquito ya?

Como toda mujer en épocas de cambios drásticos en su vida, decidimos añadir uno más para rematar la causa. Correcto, vamos a la peluquería, a por un cambio de *look*. ¿Por qué será que nos pensamos que nos mejorará la vida? Quien nos vendió eso se forró, sería peluquera. Total, que eso es lo que he hecho hoy: salir con la autoestima por las nubes. ¡Qué bien me queda! Y cuando llegas a casa con un nubarrón en la cabeza, dices: ¿qué he hecho? ¿Y cómo me peinaré esta locura de corte? ¡Oh, Dios mío! El mundo se hunde a mis pies… Sí, más o menos así en mi cabeza. Solo sabremos la verdad mañana, cuando intente peinarme. Y como tengo psicóloga se lo preguntaré: ¿por qué añadimos más posibles dramas capilares en nuestra ya de por sí caótica vida?

Por cierto, mi gata Munny, la cardiópata, tiene conjuntivitis y una úlcera en la nariz. ¿Cómo se le pone algo como una crema o gotas a un gato? Les he lavado orejas, cortado uñas, dado pastillas, y va la puñetera, que me ha clavado una garra y me la ha retorcido por toda la mano. ¡Y me la he tenido que soltar yo! ¡Ingrata! Pero claro, no puedo alterarla, que es cardiópata y tiene líquido en los pulmones. No puedo estresarla, se ahoga, se ahoga. Decidme cómo lo hago, por favor…

No tenía psicóloga, tenía psiquiatra. Y a la hora de peinarme ha sido una mierda gigantesca, pero tenía que salir de casa. Total, que cuando por fin entro al psiquiatra y me pregunta cómo estoy, le digo que peor, que estoy enfadada por las expectativas con mi pelo. Se medio sonríe y dice: «Bueno, yo te veo bien». Le digo que estoy cansada, que mi madre no para de decirme que alegre los ojos, que no me brillan, que esté alegre. Y le digo al psiquiatra: «¿Cómo se hace eso?». Y él: «Bueno, tu madre debería tener paciencia». Y digo: «¡Vaya! Hoy que no ha venido para oír eso de usted. La próxima me la traigo». Le digo que no estoy contenta y que el antidepresivo no hace nada y que además quiero de los que adelgazan, que no aguanto más peso, que me he herniado. Me ha cambiado la mitad y me ha puesto una maravilla para dormir. Tengo grandes expectativas con esta nueva ronda de pastillas. No sé, un pálpito, mañana lo tendré todo. Estoy hasta ilusionada. ¡Qué rareza en este contexto de la etapa de vida! Ilusionada en una depre, ¡alucina, vecina!

Una gran mierda de noche. Cada dos horas, por frustración, me levantaba a mear. Los gatos me han saboteado toda la noche, subidos y aplastándome las piernas. Calor, sigue haciendo mucho calor. Son las nueve de la noche y estamos a 24 °C. Es asfixiante, ¡qué hartazgo! El cambio de medicación tardará en hacer efecto y he leído que también aumenta el peso, así que no sé a qué juega conmigo.

Lo único bueno del día es haber ido a quitarme una verruga y he preguntado si tienen unidad del dolor. Y sí, tengo que pasar por trauma antes y justo tenía un hueco para mí ese mismo día. Me he vuelto a casa a coger el resultado de la resonancia lumbar, donde ponía bien clarito «discopatía». Llevaba un rato de espera y no nombraban mi nombre, al final me he visto en la obligación de reclamar y entonces me han atendido. Le he explicado que ya sabía lo que era tener una hernia, que ya me habían hecho un pinchazo de epidural y creía que era lo que necesitaba, no la rehabilitación del otro trauma sin pruebas ni nada. Hemos visto las imágenes juntos, ha dicho que tampoco era tan grande, y yo le he dicho: lo suficiente para dolerme mucho. Y otra vez: «Lo has notado con el aumento de peso». Y yo: «Sí, porque tomo medicación psiquiátrica que no ayuda». Y él: «¿Por qué estás depresiva?». Y yo: «Porque me han diagnosticado fibromialgia y estoy harta de dolor. Así que sí que estoy encantada con usted, que me lo quita en cinco días». ¡Flipa! Hurra por las mutuas.

Así que ni tan mal. Voy a tomar la mierda de medicación nueva y tumbarme de lado, que tengo cinco puntos que me joderán la noche. Y a los gatos hoy no les paso ni una: si quieren estar conmigo, a los lados.

Me levanté con una sensación tonta de hormigueo general en la punta de la nariz, como si tuviera pelos que te cosquillean, hasta que me di cuenta de que era en más sitios. Casi me la arranco, más loca. Estoy cansadísima, no llego entera a los sitios, y como sigue haciendo un calor espantoso, nada de castañas. En fin, toda una tragedia. Como me aburría mucho, me he ido a coger hora para tatuarme. Ya lo tenía pensado desde hace mucho tiempo y ahora se hará realidad, ji, ji, ji.

Sigo de mal agüero con este tratamiento. Ni sé los pocos días que han pasado y se hacen eternos, cansinos, mi día a día, con mi poca vida enriquecedora porque no tengo vida social, porque me canso de hacer cosas con la gente porque estoy cansada. Esta semana ha sido intensa: de casa Jordi, verruga, puntos, punción lumbar, etc., recogidas de pis y calcular. Pues hoy, sábado, vacaciones.

La época que más me gusta, la Navidad. La decoración, la música, Maraya (Mariah Carey).

Y los chinos van tarde en colocar cosas. El año pasado ya lo tenían, y yo tengo hambre de Navidad, bolas, etc., y así hasta el infinito.

Será que mis padres se esforzaban para que no faltara detalle: zapatos para llenar de chocolatinas en San Nicolás, cagatió que cagaba todo el turrón. En Navidad, un árbol de verdad vestido de chocolatinas estará. Y para los Reyes, un cesto con monedas y carbón te llevarán.

Todo el salón bañado de regalos montados con sus escenarios, montados en cada caso: el Scalextric para los niños, la casa de Barbie para mí. Y así con todo. Las infancias más felices. La mesa repleta de turrones, de yema, de crema catalana, pero sobre todo Suchard. Cantidades ingentes se comían en mi casa del turrón Suchard. Éramos de ver una película: ¡*La bruja novata*! Perfecta, con el «un, dos, tres, cuatro, vamos todos a pelear...».

«Voy a coger otro trozo de...». Una mano inocente te aparta y te advierte: «Tú ya no más, *espera't una mica* (espérate un poco)». ¿Iba de ese trozo? ¿El destrozarte la autoestima, estigmatizarla en Navidad sin ningún resultado más que el de hacer daño?

Vengo de un día precioso y una lluvia de cenizas lo ha ensuciado todo con ese vil recuerdo, pero es tan verdad y real, como el de hoy bonito, y el inicio de, espero, unas Navidades tranquilas, familiares, de las de antes, de sofá y película, juegos de tarde y resopón de picoteo. Las delicias navideñas en forma de embutidos, espero, entre alguna broma y otra, porque ahora, según qué momento, nuestras conversaciones entrecruzadas dan para un guion de ciegos que no saben escribir braille. Bueno, sí, ahora una bebé berreando.

Por fin llegó el día. Hace días, en realidad, pero no me veía con fuerzas para escribirlo. La manera en que me ha llegado también es surrealista: un WhatsApp, no un mensaje. La seguridad social informa de su cita médica en ICAM. Pues muy bien, llevo meses esperando algún contacto de su parte y es un triste mensaje de WhatsApp.

Estoy aturdida, no ansiosa porque ya sabía que tenía que llegar ese día. Ya no hay nada que hacer, mi futuro no está en mis pequeñas manos. Os tendré informados si hay avances sobre mi estado anímico, actualmente asumiendo mi reciente actualidad.

El comité lo conformaban una doctora jovencita y otra de mediana edad, se iban cambiando los roles, las preguntas, y creo que fui muy tonta, por su aparente amabilidad, disfrazada de entendimiento. No sé, me sentí tonta cada vez que me decía que me moviera y decían: «¡Ah, te mueves muy bien!». Y yo: «Sí, moverme, me muevo muy bien, pero el dolor que supone…». Y así todas las respuestas. Referente a mi trabajo, sé que dije que me gusta mucho, pero que ya no puedo hacerlo. Error, pero me tenían en un buen rollismo atrapada, qué sé yo.

En un mes sabré el veredicto y la manera de refutar el resultado, toda una experiencia burocrática.

En cuanto a mi estado anímico, estoy chof, ploff, una mezcla de esas, entre un «pues vaya» y un «pues vaya mierda». ¡Otro mes!…

Os he comentado que sufro colitis linfocítica, que es igual a decir diarrea crónica. Llevo quince días que todo lo que como sale de forma radiactiva, amarilla, ¡muy *xaxi* todo! Nunca os he dicho que ser yo es muy divertido, ¿no? Claro, ¿pero es? No lo es.

Llevo encerrada en casa muchos días porque no sé cuándo me cagaré. Las dos veces que he salido casi me desmayo, aunque ya tengo acostumbrado a mi cuerpo a aguantar hasta llegar a casa. A veces eso no ocurre y tengo que entrar en baños peores que todos los guiones de películas de miedo. Pero hoy tenía que salir, ya tenía la medicación que es para tratar enfermedades del intestino, y la mente lo puede todo. ¡Tenía que comprar el árbol de Navidad ya!

Es mi parte favorita de la Navidad, mi árbol. Desde que me independicé, me lo he subido con mis manitas; algunos años lo de bajarlo no lo he llevado tan bien y me lo han hecho otros, a trocitos otros años. Muchos lo he subido a pulso dos pisos de esas escaleras viejas y estrechas, que chocaba con la pared, y ahora lo pongo en el ascensor en diagonal y la punta doblada que casi se rompe. Pero me lo subía sin dolor y ahora con dolor, el poder de la mente, la felicidad que me da un objeto decorativo. Para mí lo es todo en estas fechas. Mi padre siempre impuso árbol de verdad en casa (para quien diga «pobre árbol», es un árbol cultivado expresamente para este propósito, que si no fuera así, nadie lo habría plantado) y eso seguimos haciendo, mi madre y yo, y mi hermano mayor, ahora con sus hijas también. Y lucen tanto, son tan bonitos. A una de mis wapis le enseñé a decorarlo, y a mi supervessina se lo monto yo, de momento. En casa de mi madre hago ver que dejo a mis sobrinas montarlo, pero luego voy detrás y retoco el destrozo. Jiji, angelitos míos. El de mi casa, por culpa de los recién llegados, he pasado del cristal al plástico, pero con un poco de gusto. Todo el mundo alabó mi obra maestra, con algunas piezas que ya tenía y otras nuevas adquisiciones. No está mal, pero tengo ganas de que maduren (los gatos) y lo dejen en paz, y poder poner mis piezas de coleccionista de mercadillos navideños, de piezas Disney, etc., que las pobres están en una caja.

Coincide el principio de decorar mi casa de Navidad con las fiestas de mi barrio, que más que un barrio es un pueblo. El despertar de los trabucaires (grupo de personas con trabuco, trabuco: arma de fuego) te alerta de que debes levantarte para ver pasar a los *gegants* (cabezudos gigantes); desfilan y bailan con sus elegantes faldones, debes mirar hacia arriba si quieres verles las caras señoriales. Nuestros elegantes representantes son el Colom y la Coloma, con su pecho descubierto.

Esa misma noche pierdo la vida por el culo y antes de desmayarme, que ya me ha pasado, llamo, pero no era mi madre. Ups, perdón, solo son las cinco de la madrugada. Lo intento de nuevo, ahora sí. «Mamá, me desmayo». Nos vamos de urgencias, solo llevo quince días con diarrea. La analítica sale fea, me ingresan. Esta vez fuimos a probar a otra clínica. No sé ni dónde estoy en Barcelona. A la que pueden, nos suben a una habitación decente, con una cama articulada, un lujo en comparación con Casa Jordi. Me despiertan con todas las luces, me preparan la bandeja con la medicación que debo tomarme, abro el distribuidor de comidas y en medio hay un zumo de manzana. Miro la hora, las siete de la mañana. Si hubiera vuelto a entrar esa señora, no sale con vida de ahí, la ahogo con el cable del suero hasta que se le salgan los ojos de su sitio. Chica, si ves que tengo dieta líquida, déjame para la última, de verdad. ¡Qué poca empatía! ¡Pocas ganas de cuidar al paciente! Y si lo digo es porque yo lo he hecho, y no cuesta tanto, ¡leches!

Este ingreso me desanima; entre las molestias, el encierro, encamada, justo lo que no quieren de mí en terapia, estoy triste, me pesan los días, ¡no por no comer, lo juro! Ni ganas tengo. Una vez sale bien la analítica y no tengo deposiciones feas, en realidad ya ni tengo, le pido a la doctora que me deje irme. Se lo piensa y me da el alta, ¡yujuu! Un par de días y es mi cumple, los fatídicos treinta y todos. Hasta ahora decía 35 + 3 porque estos últimos tres años son pura caca, menos por mis sobrinas, que son puros besos.

Empezó perfecto: mi tocaya (Cristinita, tendremos ochenta años y seguirá siendo la Cristinita) me trae una ensaimada de crema quemada con relleno de nata. Sí, sabe que acabo de salir del hospital y es sanitaria, pero también sabe que me lo comeré pese a las consecuencias. Mi vecina, cuando no coincide conmigo, pues me deja mis regalos, como siempre, en el picaporte de la entrada. Es ya como una tradición y tiene su encanto.

Como colofón, nos vamos todos, como una familia normal, a cenar al bufé japonés, y me pongo de sashimi... y porque mis hermanos estaban mirándome ya mal, porque si no, yo hubiera seguido. Mis sobrinas devoraban alitas de pollo como si no hubiera un mañana.

Hace tiempo que no escribo; la ansiedad me tenía en un estado de no productividad, de estar encamada, incluso de tener desatendidos a mis bebés y mis deberes como escritora novel.

Llegaron las cartas del INSS y del ICAM, todo a la vez. Mi cabeza no puede procesar tanto, vuelvo a tomarme las pastillas cuando quiero y cuántas quiero. Resolución: debo volver a trabajar, mi abogada se pone en marcha.

El primer día solo conseguí ponerme el pijama (traje blanco); era incapaz de salir del vestuario, me da un ataque de ansiedad, los llantos no me dejan respirar y me llevan a urgencias en silla de ruedas (algo bueno tendría que tener que estar en una clínica). El enfermero de urgencias, por protocolo, me intenta dar una pastilla y dijo: «Va, Cristina, tómate el Diazepam», y cuando escucho «Diazepam», entro en un ataque de risa completamente histérico. Ahora sí que pensarán que estoy loca.

Lo intento una segunda vez, parece que va mejor, pero en este tiempo no conozco a nadie de las trabajadoras. Todas mis compañeras se han ido, solo quedan un par, pero no están en mi servicio y la otra siempre tiene mucho trabajo. Yo hago lo que puedo, pero aun así es poco; mi cuerpo no da, mi cabeza vive en una niebla permanente. Si yo os contara lo incapacitante y lo impotente que es querer llegar a lo que tú eras y no ser ni la mínima parte ahora.

De la tensión que sufro se me cargan las cervicales, y ¿qué me pasa cuando me pasa eso? ¡Vértigos! ¡Yupi! Voy al CAP, yo ya sé qué medicación debo tomar, los sufro desde los veintiocho años. Voy al CAP a por la baja o un justificante, algo, y adivinad qué pasa: ¡que el ICAM lo rechaza!

Voy al baño agarrándome a la pared y ¿pretenden que trabaje doce horas de noche? ¿Os preguntaréis el porqué? Resulta que cuando vienes de un periodo largo de baja y se te termina esa baja y te obligan a ir a trabajar, tienes que estar durante seis meses sin cogerte la baja. Es decir, no puedo enfermarme. Hola, ¿*really*?

Toda esta agonía me provoca ataques de ansiedad y me sobremedico. Vuelvo a tener ideas que pongan punto y final a tanto dolor, tengo localizados los materiales que necesitaría, el rincón de la clínica donde tardarían en encontrarme, y fin. Pero me volvería a morir por hacerle eso a mi madre.

Tengo visita con el psiquiatra y se lo suavizo un poco, me da hora para dos semanas. No pasan, voy yo antes de urgencias y me ingresan.

A todo esto, mi gata Munny (al recogerla del refugio no sabíamos qué edad tenía y desarrolló la cardiopatía en verano), pues, creo que aguantó para irse y despedirse de mí antes de ser yo ingresada.

Mi vaca tiene más humanidad que algunos. Mi Munny, gordi, viejita, bebé, todo eso le llamaba; dos palmadas en la cama y ya estaba ella ronroneando y amasando. Se iba rápido a su cojín favorito porque con "la guapa" no se llevaba muy bien y, por antigüedad, la guapa se quedaba en la cama. La echo de menos, esa panza boca arriba que me conquistó en el refugio. (Tengo sus cenizas en mi habitación).

En fin, eh, segundo ingreso. Pedí una habitación individual porque me dolía mucho la cabeza (y nadie reemplazaría a mi Maruja), y cuando llego a la habitación y vacío las cosas, resulta que tengo la tele de la sala común pegada a la almohada y yo: "Watafak". Salgo y lo primero que les pido es que bajen el volumen, al auxiliar y luego a la enfermera, que me cambien en cuanto puedan, que no soporto ese ruido. Yo creándome fama de...

No duermo nada, me paso la noche llamando al timbre, que no duermo y pastilla, y cuando por fin noto que estoy en trance, me despiertan para desayunar. Mi cara lo dice todo. Desayuno sin hambre, resulta que mi madre va y viene de mis médicos del CAP, etc., para arreglar con el ICAM. No tengo permiso para llamar ni salir aún, pero consigo que me dejen llamarla solo para venir a buscar un informe de ingreso, y conseguimos estar juntas en un pasillo de espera para varias utilidades, así que puedo abrazarla y tocarle las uñas, que me encanta.

El miércoles por la mañana debería ser todos los días, adivinad: ¡traen a los perritos! ¡Y esta vez tres! Ñoqui, Duna, Fiona. Duna y Fiona son unas *golden*, una canela, la otra negra brillante, preciosa (como el de mi tía, que nos criamos con él y a día de hoy aún lo amamos). Fiona, la de piel canela, si le rascas una oreja, ella rápidamente te pone la panza. Y el mejor, Ñoqui, pura realeza inglesa, que no sé cómo lo hace para no tropezarse con esas ore-jotas. Un juego de olfateo con un aro tiene un nombre especial, pero no me acuerdo; era para que pasara por el aro y lo saltara al final. A mí el ejercicio me salió un poco cachumbo, culpa mía obvio, el perro sabía lo que hacía perfectamente.

Mi supermami me viene a buscar y vamos a supermeren-dar.

El jueves no visita el doctor, y tengo que recordarle que necesito un permiso muy especial. El viernes salgo de la clase de gimnasia mil veces; me sabe mal, pero no quiero que se olviden de mí. Consigo entrar al despacho, le ex-plico que el cambio de mi medicación ha ido muy bien, que duermo muy bien, ni rastro de dolor de cabeza ni náu-sea, y que tengo que ir al regalo de los Reyes con mis sobrinas, porque si no, no entenderán nada del porqué no voy.

Es que no he explicado que el jueves me despertaron tan de golpe, que una vez intenté desayunar, les dije:

—Estoy mareada.

—No, mujer. —Y empecé a vomitar como la niña del exorcista, con lo que lo odio. Me tomaron la tensión: 80/50. El resto no me dio tiempo a ver. Vamos, que me dejaron tomar la siesta matutina más larga del mundo, y salí por la tarde, que tenía miedo, que no, no podía ser, tenía ahora cita para la manicurista.

Total, el viernes la psicóloga dijo que me fuera de permiso de fin de semana, y el psiquiatra pues también, y yo feliz como una perdiz. No solo iba al On Ice de Disney, sino que tenía permiso para dormir en mi casa con mis gatos.

Tengo unos vecinos que no me los merezco. Han limpiado las cajas de los areneros, que olían fatal, y mi madre bajando cajas de mierda y mierda; el olor llegaba hasta el ascensor, soy consciente. Pero… han limpiado las alfombrillas donde se acumula la arena, han comprado arena. ¡Vecinos míos, no sé cómo compensar tantos buenos gestos a una perdida, cuando vosotros estáis afrontando una situación parecida o, diría, peor!

El sábado comimos con mi hermano pequeño y sus niñas, mi cuñada, y por la tarde fuimos al cementerio. Era el cumple de mi papá, ritual: tulipanes y mi canción, *Amor del bo*. Los quisimos y seguimos haciéndolo. Mi madre, *Over the rainbow*, mi hermano solo lloraba, y mi cuñada entreteniendo a mi brujita y a la bebota.

Luego, cada uno para su lado. Y si te digo que tomé las pastillas antes para meterme en la cama antes y dormir más y más hasta la hora de comer… suerte que vivo cerca de mi madre. Mi hermano, pequeño cocinero rico (pero no lo digáis por ahí que luego se lo tiene muy creído). Y el domingo unos tristes espaguetis diréis, ¡pues no! Porque le pongo un kilo de queso para fundir. Está mejor que algunos de Italia. Y luego mi madre y yo hemos venido cerca del Palau a merendar un gofre con un kilo de chocolate, pero la pasta no valía nada (yo como especialista en dulces me puedo permitir esta crítica gastronómica basada en años de experiencia).

Hemos entrado a una tienda de rebajas y, como siempre, sus tallas no se adaptan a mi cuerpo. Y a mi cuerpo no le pasa nada, es la moda la que crea eso, todas las corporalidades son válidas y debería ser la ropa la que se adapte a todos los cuerpos.

Otra vez escribo desde la lejanía de los hechos y puede que no sean exactos, pero intentaré ser fiel a mis sentimientos más que a lo que sucediera.

Bueno, después de ese alta tan maravilloso, donde disfruté de no decepcionar a mis sobrinas (en el On Ice), fui yo quien disfrutó más. Grité, aplaudí a mis princesas y príncipes, llevé puesta la corona dorada que les compré (la pequeña no quiso en todo el espectáculo, así que la llevé yo). Me compré a Heihei (el pollo más encantador, de *Vaiana*) y luego, lo que me reconfortó en esos días señalados, fue llevar las flores y meternos con nuestras canciones en el cementerio. Sigue sorprendiéndome.

Si es cierto, la medicación me fue bien, pero cada día me cuesta dormir más y cuando debería levantarme es cuando quiero no moverme de la cama. Mi madre ya está mosca, a mí, el cuerpo me duele horrores, se vuelven a repetir los patrones, ya no es amorosa, está atacándome por todo.

Llega Semana Santa, adoro Semana Santa, me encargo de organizar que cada niña tenga el muñeco que quiere o le guste para poner encima de la mona (torta de anís o estructura de chocolate), huevos para pintar, conejitos, lo que vaya encontrando. Este año me rebelé y dije que no. Hacía mal tiempo, me dolía hasta parpadear y sinceramente quería estar sola, no sentirme juzgada por lo que como, por si me quejo o no, si mi tono, si tantas cosas. Dije que me echen de menos para bien o para mal. Yo ya he sacado mis conclusiones, y por eso ruedan lágrimas de certeza, de la indiferencia. Salvo que hoy he acompañado a buscar a una sobrina a la salida del cole y su madre le había dicho que tenía una sorpresa. Al verme, ha gritado «¡Tieta!» y ha hecho la carrera más hermosa que he visto nunca, con su melena rizada enredada al viento, los brazos tendidos para que yo pudiera recibirla y alzarla, apretarla, olerle el pelo, reclamarle mi besito y dejarla en el suelo como alma libre y salvaje, mi brujita. Mi cuello se ha cerrado y, para no estallar ahí en lágrimas, les he dedicado una peineta a su madre y su yaya. La tía está lista.

Me pregunta: «Tieta, ¿por qué no has venido a la Pascua?». Y yo: «Ya sabes, la tieta a veces está muy cansada». Su respuesta, simple, lo ha entendido perfectamente: «Ah, ¡vale!».

Debo decir que mi madre se merece un arco de triunfo, es una luchadora. Todo lo sumisa que ha sido en ocasiones, lo aguanta todo. Tenía en casa aún el árbol de Navidad, sí, aún (tenía que podarlo, meterlo en bolsas y luego bajar la maceta en el carro como llevo mis años buenos haciéndolo). Pero claro, no estoy en esos años y mi madre, del ataque de ira a las nueve de la noche sería, lo agarró, le rompió la rama que no entra en el ascensor y se lo llevó a rastras. Y yo: «¡Que lo dejes!».

Y ella: «¡Que no!». ¡Como locas! Luego barrió todas las escaleras de espigas de pino. Esto sucedió antes de que se fueran de Pascua y yo ya le había dicho que no iba. De ahí toda esa rabia contenida, supongo. Así que decidí que cuando volviera del lunes de Pascua, al menos viera la casa en condiciones. Lo que pude, casi me rompo en dos: una por el dolor y otra por las canciones que descubrí, que me llegaron tan adentro que ahora tengo la necesidad de escribirlas aquí. Montajes en Instagram, un intento de expresarme a través de otros. El primero fue Martín Urrutia en Insta, tuve que investigar quién era, qué canción, y ahora me la pongo antes de ir a dormir. Y dice así:

Rompeolas

Todavía noto el calor de mi piel

como si fuera ayer, en mi manera de ser

viendo como todo está a punto de torcer.

Pero tengo ganas de saltar,

me da miedo caer,

es tan fácil hacer

que nada parezca doler.

Soy como una ola,

no sé cuándo, pero voy a romperme.

Dime si un día caigo en otra playa,

tú vendrías a verme.

Soy como una moneda

de cobre tirada en una fuente.

Espero al deseo impaciente,

rompiendo con todo.

Oh va todo contra mí.

Cuando me despierte,

¿qué sueño se va a cumplir?

Empiezo a nadar y del agua

no sé salir.

Pongo buena cara pero ya

no sé fingir.

Contra mí va todo contra mí,

porque todavía noto el calor de mi piel

como si fuera ayer, en mi manera de ser,

viendo como todo está a punto de torcer.

Pero tengo ganas de saltar,

me da miedo caer,

es tan fácil hacer

que nada parezca doler.

Duele, me duele oírla, me duele escribirla, pero es necesariamente actual y vital en mi vida, en mis entrañas. Me las ha removido a un nivel dolorosísimo.

Ha sido un fin de semana donde tenía que esforzarme para levantarme de la cama, comer con mi madre y el

sábado ir a ver a mis sobrinas. Las del mayor tocaban.
Ok, la enana que con mi madre se comporta como un
bebé, que es, y este verano, cuatro, cuatro años. En fin,
estaba cansada y yo estaba sentada. Vino, se frotaba los
ojos. Le pregunté si quería sentarse encima mío. Se co-
locó con la cabeza apoyada en el pecho y yo meciéndola.
Le pregunto si quiere que le cante. No me queda claro,
pero a mí me apetecía, como cuando era una bebé. *A cau
d' orella* (al oído) le canté:

Angelito de ojos tristes,

color caoba,

dime por qué lloras,

dime por qué lloras,

dime si es por mí,

y yo haré, y yo haré

que tu cara parezca un sol,

y yo haré que te sientas feliz,

caminando por la playa,

sobre la arena.

Oí tu llanto, oí tu llanto,

me hace llorar a mí.

Me hace llorar a mí

y yo haré que tu cara parezca un sol

y yo haré que te sientas feliz,

feliz papaoba,

feliz papaoba...

Sin ningún esfuerzo, tenía la cara empapada. Mi sobrina, al darse cuenta que se estaba durmiendo, se tiró por mis piernas y entonces utilicé el plan B: llevarla a merendar. No sé cuántas veces le dije que era un secreto, el pedazo de magdalena de chocolate, con pepitas de chocolate, relleno de chocolate deshecho. Yo, si preguntan, ¿qué tenemos que decir? Una magdalena, es un secreto. Fuimos al baño, ni el CSI hubiera encontrado prueba alguna. Cuando le digo, abre la boca y le froto los dientes, se partía. Mi duendecilla, y al vivir esos momentos con ella se me revolvieron las entrañas, teniendo tanta hermosura a mi alrededor, sigo teniendo repetidos pensamientos destructivos en los que no sé cómo darles la vuelta...

Domingo, estamos invitados a los 60 de mi tía, pero ya cumple los 62, así va todo el mundo... Ella siempre nos ha demostrado su amor incondicional, la sorpresa preparada por mi tío y sus hijas, que hemos estado años sin vernos y, aun así, ahora de adultas, el par de veces que hemos coincidido, ni un silencio incómodo, al contrario, como si viviéramos juntos, pero con la necesidad de abrazarnos, besarnos para recuperar el tiempo. Mi tieta es de esas personas que se preocupa por todos menos por ella y ya era hora que se diera cuenta que lo vemos y apreciamos. Voy a escribir el brindis que le dediqué que me saldría a las dos de la mañana del domingo porque total, si no duermo, pues al menos haremos algo importante. Ya sabéis, primero mi catalán y luego su traducción:

Si em permeteu robar-vos 2 minuts,

voldria dir unes paraules a la homenatjada.

La seva devoció per

la seva família, amics íntims, etc.,

és el que la fa especial.

I quan et diu t'estimo,

tot i que la vida ens porta

per camins diferents,

saps que aquest t'estimo és dels de veritat,

dels que s'et claven al cor i d'allà no es mouen.

Les seves abraçades són sanadores

i al riure amb la seva meravellosa família

demana: «pareu, pareu, que sinó

em pixo, no te preu!»

Omplim les nostres copes i brindem

per els que estan i els que ja no estan

i visquem amb un somriure

dibuixat a la cara i no deixem

de dir-nos mai: t'estimo. T'ESTIMU, TIETA.

Si me permitís robaros dos minutos, querría decir unas palabras para la homenajeada: su devoción por su familia, amigos íntimos, etc. es lo que la hace especial y cuando te dice «te quiero», aunque la vida nos lleve por caminos diferentes, sabes que ese «te quiero» es de los de verdad, de los que se te clavan en el corazón y de ahí no se mueven. Sus abrazos son sanadores y al reírse con su maravillosa familia, hasta que pide «parar, parar que me meo», no tiene precio. Así que llenemos nuestras copas y brindemos por los que están y los que ya no están. Vivamos con una sonrisa dibujada en la cara y no dejemos de decirnos nunca «te quiero». Te quiero, tía.

Lloro al mirar el cojín vacío de mi difunta gata Munny, mi gordita viejita. Y pasan los días, van pasando. Algunos normales, otros me dedico a no salir de casa, me duele todo y maldigo a Just Eat, pero es lo que me pide el cuerpo: comida chatarra, pero ya no me da la subida de endorfinas. Sigo triste, pero pensando en lo siguiente que comeré. Soy consciente que eso tiene nombre médico, pero pasan los días y mi psiquiatra y psicóloga no me llaman para preguntar por qué no he pedido hora, así que he entendido que, como quieren ayudarme, si ni se acuerdan de mí, no hacen seguimiento profesional de verdad. Con lo cual estoy sola a la deriva, tomando pastillas como quiero y lloro por todo, con cualquier recuerdo. Me atormentan los agravios del pasado, de gente que ni se acuerda de mí, de lo que pudo impactarme su comportamiento malintencionado conmigo. Mi niña y mi adolescente siguen heridas y lloro con la impotencia de por qué eso me sigue atormentando. ¿Soy una persona hipersensible o solo una llorona? Desde cría, desde *E. T.*, *Yaki y Nuka*, todo lo que sea Disney. De adulta, todas las comedias románticas donde siempre fallecía alguien o acababan felices. Lloraba y mi hermano pequeño siempre al acecho, acosándome, en el momento culminante, donde es la música quien te hace llegar a ese estado emocional. Él ya empezaba con su canción: «La Cristina está *plorant* (llorando) ñi ñi ñi», arruinándome el desahogo que me permitían esas lágrimas.

Desde que salí del segundo ingreso con cambio de medicación, parecía que iba todo bien, hasta que ya no pido cita ni para el psiquiatra ni para la psicóloga. Pasan dos meses y ni email ni llamadas. Lo hago a propósito para ver la falta de interés por sus pacientes. Entonces me he cambiado y tengo ya en cuatro días la cita. Tengo las esperanzas puestas en que con este vea real preocupación, y luego necesito una psicóloga más empática, quizá de mi misma edad, que pueda entender que, después de dos años de dolores varios, ya os sabéis todas mis patologías, se lo cuente y entienda lo deprimente del giro y otro giro que ha dado mi vida y que me cuesta aceptar que esto es lo que se me ofrece el resto de mi vida.

Debería ser más agradecida con mi madre, pero yo hice el papel de madre con ella. ¿Recordáis cuando murió mi padre, su marido, sus padres, mis abuelos? El rol estaba cambiado. Cuando vaciamos su casa, fue muy fuerte y me obliga ella a decir que se queda y que se va. Yo lo sobrellevé dignamente, que no me olvido que vivo en esa casa y tengo pequeñas piezas de museo, y agradezco a mi madre que esté aquí mientras pueda. Adoro a mi madre. Le dije en una comida: «Mamá, dúrame bien mucho tiempo porque tendrás que cuidarme». Y ella: «¿A mí quién me cuidará?». Y yo: «Pues tu nuera, obvio». Y dice mi cuñada: «A las dos porque vosotras me habéis cuidado a mí». Dice: «Yo lo haré cuando vosotras no podáis». Todo con risas, y yo digo: «Si vas a poder tú conmigo…».

Otra vez me he dejado seducir por la comida, y mi amiga, que está de treinta y seis semanas, y mi barriga iba por la misma medida, está dura como la suya, lo que ella lleva a un precioso bebé, cosa que yo no tendré. Otro sueño roto, despedazado, pero al menos sé el cuerpo que tendría si estuviera embarazada. Soy una Venus. ¿Sabéis cuál? La de tetas caídas y barriga, la Venus de Willendorf. Tatuada la llevo escondida debajo de uno de mis senos, reposa en una flor de loto (fue el tatuaje caprichoso; también me tatué la silueta de merengue en la espalda). Resulta de un humor irónico, pero a la vez bella, ella soy yo, yo soy ella. ¿Cómo no va a haber belleza en mi cuerpo, perdón, lienzo, que me muero por seguir cubriendo?

Soy caprichosa, con buen gusto, pobre en el exterior, pero una archiduquesa en el gusto. Siempre elijo lo que no puedo pagar. Mi último capricho, que llevo años aguantando sin comprarlo, pero como estoy en un momento descorazonador, cuando lo vi y en una versión mejorada, le dije a Frankie por WhatsApp cuánto vale.

«¿Esto vale?», vendido. Ay, perdona, aún no tengo bien organizada la paquetería y los envíos. Y yo: «¿Cuánto?». Y él: «Tanto». Y yo: «¡Bendito! Que es mía». Ahora, cuando os diga lo que es, diréis: «Qué penosa friki». Sí, friki de Disney, lo quiero todo y esta vez tocaba la mochila de Stitch, abrazando a su sapo con sus patitos a los que les cuenta cuentos. Lleva una preciosa diadema de margaritas, el sapo también, y en la punta de la nariz, una dulce mariposa reposa su vuelo. Es de ensueño. No la usaré por si se pelan las correas. El interior es la versión real de la película Stitch, el triste y solo después de salvar al sapo. Es ahí donde Stitch me encoge el corazón. Sí, todo este entusiasmo, subida de adrenalina por una mochila. No, la mochila.

Es más gracioso aún si supierais cómo he recogido el paquete. Resulta que duermo con tapones. El timbre se oye flojísimo, pero yo sabía que llegaba mi bebé mochila. Me he levantado corriendo, creo haber tirado a un gato al suelo y yo, toda desnudita, que es la mejor manera de dormir. Solo me dio tiempo de ponerme la bata de señora y atarla con fuerza, cerrar la pechera con las manos y quitarme los tapones. Yo, con la puerta entreabierta como una abuela marujeando, he abierto lo justo que entrase el paquete y le di el DNI con la puerta más cerrada. Se va, yo cierro la puerta con doble vuelta a la llave. De verdad que la escena completa de Lina Morgan ha sido de mega risa, un personaje de verdad, pero me gusta ser como soy. ¿Quiero cambiar algo? Últimamente, resulta que hablo mal, soy mala con mi madre, pero no porque tenga motivos, solo es que estoy enfadada con el mundo y conmigo. Si digo que haré algo y no lo hago, cuando tengo mucho dolor me aíslo, me sobremédico y no molesto a nadie. Pero al día siguiente, si me siento funcional, me siguen faltando las ganas de querer hacer más, que yo me esfuerzo mucho y tengo días en que aparento estar bien. Entonces es cuando abusan y piden que les dé más de mí sin saber que tú ya lo estabas dando, con el esfuerzo que supone, que no se acuerden que vivo cansada, dolorida, irritable y con poca paciencia, y lo pago con lo que más quiero en este mundo.

A mi padre no hay día que no lo piense y mis abuelos revolotean en mi cabeza. El otro día, escribiendo, noté una presencia sabia masculina con camisa. Al principio dudé: ¿mi padre? Pero él no llevaba las rayas de la camisa así. El color azul cielo, un botón justo que deja entrever debajo una camiseta blanca de algodón. Es mi abuelo. Yo sigo escribiendo. No sé si tengo su aprobación o solo se hizo notar: «Estoy aquí», pero me carcome no saber su opinión ahora que sé que está por aquí. Cuando lo noté, no fue algo desagradable, era una especie de curiosidad compartida. Fueron unos segundos y ahora tengo que acordarme de no defraudar ni a vivos ni a mis muertos porque soy yo quien los está exponiendo al mundo. Y quizá un día escriba algo bonito y otro, solo feo, de todos ellos, incluida yo misma.

Dije que podía con esto y todo me ha superado. Ni por fuerte ni por débil, no puedo gestionar emociones y dolor corporal perpetuo. A veces me da un descanso y puedo recuperarme, mi yo, mi ser, pero son tan pocas veces que voy aturdida.

Un resumen de ellos de lo que puedo haber dicho o no.

De mi avi (abuelo), de niños no le gustábamos mucho, éramos demasiados y le molestamos.

De mi yaya, de niños ayudó a mi madre, feliz con cada uno que llegaba.

De mi avi (abuelo) le gustábamos de adolescentes; de más adultos, entonces sí le recuerdo sonriendo.

De mi yaya no le gustamos de adolescentes ni de adultos, no hacíamos nada que le gustara, sobre todo de mí.

Mi madre y yo viajábamos juntas y creemos que le daba envidia la relación que teníamos nosotras; cuando le iba a visitar, solo me preguntaba por mis hermanos. Dejé de contarle nada, ¿para qué? Para oírle, hasta allí vais, no sé qué se os ha perdido. En cambio, mi abuelo rápido buscaba el libro donde saliera geográficamente el lugar y era feliz con eso.

Cuando mis hermanos empezaron a crear sus propias familias, su comentario de felicitación era: no sé por qué os metéis en esas cosas, y luego añadía: la Cristina es la más lista.

Eso sí, cuando les llevábamos a las niñas, entre ellos se peleaban para ver quién la cogía o dónde se sentaba, más cerca de uno o del otro; competían con quién jugaba más, era divertido verlos.

Siempre digo que adoro a mi madre, no porque es la que queda, sino porque, con lo peor de mi padre, viajar era nuestra salida de escape, para disfrutar, ser felices sin sentirnos culpables. Mi madre es a quien elegirías mil y una vez, aun estando sorda y medio ciega, y aun siendo nerviosa, siempre indecisa y a veces sumisa.

Verla criar a sus nietas, a veces yo hacía alguna aparición, es ver cada día el mayor acto de amor; las niñas buscan su regazo y ser acunadas, achuchadas, ha sido un regalo verlas.

Pero ha sido mi madre quien, yo de pequeña, de adolescente, sin darse cuenta, hundió mi autoestima, pero también me concedía todo lo que le pedía, desde fiestas de pijama a fiestas sorpresa para hacerme feliz.

Mi padre fue un buen hombre, un padre magnífico; del poco tiempo que disponía, lo repartía para hacernos sentir queridos, y lo fuimos. Lo que luego la oscuridad se apoderó de él, al principio con tanta fuerza que por eso hui; ya os lo conté, no podía ver sus miles de manías, sus gritos, enfados.

Mis hermanos los resumiré en un vaivén de buenas y malas épocas, pero los quiero; adoro a sus familias, aunque ellos se resisten a mostrarme más cariño. Sé que me quieren, pero llaman a mi madre para preguntar por mí, sabiendo que yo estoy enfrente de ella. Sé que están enfadados conmigo, igual que lo estuvimos con mi padre, y ahora, encima que lo entiendo, me hace sentir peor recordar cómo lo reñía como si fuera un niño; estaba enfermo y punto.

Entonces, ¿yo estoy enferma? Sí, tengo un desequilibrio en el cerebro que provoca varias de mis enfermedades crónicas, y luego están las del cerebro que aún no tienen la fórmula para repararnos, porque estamos rotos, agotados de luchar, ¿contra qué? ¿La vida? Pues tenemos las de perder; la lucha es un combate tras otro y yo no sé si quiero seguir luchando y ver esta vida pasar.

Se dice que la felicidad no es algo duradero, son momentos que son los que dan valor a la vida: abrazar a tu sobrina porque te ha elegido a ti. Y de los lugares donde hemos sido felices, los temidos recuerdos, se dice que no echas de menos el lugar, la persona, sino que echas de menos a tu yo, el que era feliz en ese momento, en ese lugar, con esa persona.

Me parece igual de triste que la felicidad no deba ser una meta, pero cuando suceda deba reconocer ese atisbo de felicidad, aunque luego sea para echarte de menos a tu yo feliz. Yo no quiero rechazar esos momentos de felicidad, pero echarme de menos en algún «te acuerdas cuando…» me parece injusto; es un sistema que tiene un equilibrio tan frágil para algunos. No me gusta, no sé por qué, pero me incomoda que la felicidad se quede en el pasado o en el posible futuro, y en el presente se te pase que estés viviendo una porción de esa felicidad.

De la misma manera que empecé a escribir por necesidad, dejé de hacerlo.

Ha pasado mucho tiempo desde que empecé a escribir de una manera que parecía que escribía para unos ficticios lectores y el tiempo y el destino han hecho que al final seáis reales.

Para poneros en situación debo contaros ciertas cosas que creo son importantes.

De la misma manera que estaba enfadada por la falta de interés del psiquiatra y la psicóloga, cuando busqué una segunda opinión, resultó que mi caso era demasiado complicado para él y no quería asumir mi tratamiento, y justo a quien me quería confiar era de quién había huido.

Sin ser consciente de haber tomado una decisión, se fueron acabando las pastillas y dejé de comprarlas (solo las de tratamiento psiquiátrico); es algo que no se debe hacer, pero lo hice. Pagué las consecuencias de dejar la medicación psiquiátrica sin una pauta médica: la peor época de cefaleas que he sufrido en la vida (por el mono), pero estaba harta de no sentirme yo. Y sí, no es la mejor manera de actuar, pero para mí fue un antes y un después.

Mi doctora de cabecera era quien me hacía seguimiento y cuando me volvió a pesar la ansiedad me pautó un ansiolítico con una dosis muy baja.

De todas las cosas pendientes que tenía con otros especialistas, os diré que sigo esperando la llamada de la fisioterapeuta de la seguridad social para los asuntos pipilianos, pero os diré que dejé de beber Coca-Cola y los síntomas no desaparecieron; sigo necesitando infiltraciones y punciones epidurales cervicales para mantener el dolor de la hernia discal cervical a raya.

Este dos mil veinticuatro ha sido una constante de dolores estomacales, ingresos a urgencias, otro ingreso hospitalario por continuas diarreas, realización de pruebas como una gastroscopia, otra colonoscopia, meses encerrada en casa por culpa de una dolencia, un posible colon irritable. Empecé un tratamiento antidepresivo para el intestino y durante un tiempo pareció funcionar. Además, durante el verano del veinticuatro he tenido cuatro episodios de desmayo, de los cuales dos acabé en una ambulancia, en dirección a un valle Hebrón y otro a las casernas. El último fue en la consulta de mi doctora de cabecera, cuando consiguió un resultado en el tensiómetro: era de 80/40. Ha sido un verano muy caluroso y lo triste de la situación es que será el verano menos caluroso de todos los veranos que nos quedan.

Sigo sobrepensándolo todo; mi nivel de cortisol es altísimo. El estrés por un futuro incierto (vuelven a visitarme los de la mutua) me hace sentir muy vulnerable. Sigo teniendo que dar explicaciones sobre cómo me encuentro y sigo notando la incomprensión en sus rostros. Si a la fibromialgia, fatiga crónica (lo que padezco yo) y a la encefalomielitis (lo que sufre mi amada vecina), entre otras, se les llama enfermedades invisibles, es precisamente porque sus efectos no están a la vista, pero sus consecuencias las sabemos muy bien quienes las sufrimos.

Si su principal síntoma es el dolor, no hay cosa más incapacitante que tener dolor y pretender que vivamos como si no lo tuviéramos. Solo pedimos comprensión y empatía.

Bueno, pues al darme cuenta de que me siento mal y necesito ayuda profesional, voy a darle una segunda oportunidad a mi psiquiatra. Si estabais esperando un final en el que, mmm, me curo rápidamente sin ayuda de nadie, pues este no es vuestro libro. En este libro no hay un final porque he decidido seguir viviendo, seguir luchando, venga lo que venga.

Al releer la libreta, me he dado cuenta de que hablo mucho sobre mi gordura, cosa que dije que no haría, pero sale absolutamente en muchos de mis pensamientos y recuerdos. Y el porqué es tan sencillo como que ser gorda forma parte de mí. Sí, el ser gorda es una forma en la que vivimos las personas gordas; no solo estoy gorda, sino que me siento gorda.

También quiero que quede claro que mi aumento de peso es consecuencia de muchas cosas: desde la medicación antidepresiva que me produjo un aumento de peso, la medicación para el dolor, aumento de peso, el hipotiroidismo, aumento de peso, la poca movilidad causada por el dolor provoca un aumento de peso en mí, la mala nutrición, etc. La obesidad es multifactorial y, aun con todo eso, se nos hace culpables por serlo, resumiéndolo todo siempre a la falta de voluntad y culpabilizándonos. No es justo. Además de que la obesidad está establecida por la OMS a partir del IMC (índice de masa corporal), que no deja de ser una tabla matemática hecha por unos hombres blancuchos con un estudio a hombres blancuchos hace nada más y nada menos que en mil ochocientos treinta y dos. ¿Es una broma?

El tiempo es un hijo de… Eso es lo que pienso casi todo el tiempo. A veces me paro a pensar que hace apenas dos días estábamos en 2020, y de repente, cuando miro hacia atrás, parece que han pasado siglos. Es esa sensación rara de que los días van superlentos, pero a la vez el tiempo se te escapa de las manos. Como si fuera ayer cuando estaba haciendo cosas que ya ni recuerdo bien, pero a la vez siento que este tiempo me ha arrastrado, como si fuera otro ciclo, otra vida. No sé si me explico, pero es raro, ¿no?

Por ejemplo, me fijé en mis manos hace poco. Antes siempre estaba orgullosa de mi manicura. Para alguien como yo, que durante años por la ansiedad no tenía ni uñas, tener las manos cuidadas era un logro enorme. Hoy, sin embargo, parece que he metido las manos en una carnicería, literalmente. Mis manos parecen muñones, las uñas son un caos y las manos se ven como si las hubiera destrozado, pero es lo que hay.

Y después está todo el tema de la Seguridad Social. Es como una pesadilla que nunca termina. Hace meses que mi doctora me pidió una cita con el psicólogo o el psiquiatra, pero ya da igual. La cuestión es que estoy esperando, esperando, esperando, y nada. Y no es solo que esté esperando, es que me siento ignorada, como si no importara. Al final, puse una reclamación, pero ya sabéis cómo va esto. Se les llena la boca con que la salud mental es superimportante, que hay que cuidarla, que te ayudan, pero, al final, todo lo que escuchas es un «ya te llamaremos». Y aquí sigo, esperando, mientras todo se acumula, y la sensación de desesperación crece.

Lo peor de todo esto es cómo afecta a todo lo demás. A veces siento que llevo tanto tiempo metida en este bucle de ansiedad, de no saber qué hacer, de estar siempre cansada, que la vida se ha vuelto como una serie de días vacíos. No tengo muchas fuerzas para hacer nada, y lo peor es que algunas veces, cuando todo se pone muy gris, siento que no tengo motivos para seguir. Es como estar atrapada en una rutina de dolor y cansancio. Pero no todo es tan malo. A veces, en medio de todo ese caos, me acuerdo de todo lo que tengo a mi alrededor: las personas que están conmigo, los pequeños momentos, las cosas que me hacen sentir que, aunque todo se derrumbe, al menos hay algo por lo que seguir. Y esas pequeñas cosas, aunque sean mínimas, me hacen darme cuenta de que tengo que seguir adelante. Y claro, en esos momentos me acuerdo de lo afortunada que soy por tener lo que tengo, porque no todo el mundo tiene esa suerte.

Creo que mi reflexión es simple. A veces no sabemos qué hacer con todo esto. A veces parece que lo malo pesa más, que no hay salida, que todo lo que hemos vivido ha sido en vano. Pero, si soy sincera conmigo misma, tengo que pensar que si he llegado hasta aquí, ¿por qué no seguir? Si he sobrevivido hasta ahora, ¿por qué no seguir adelante? Lo bueno siempre está ahí, aunque a veces esté escondido en medio del caos. Puede que me cueste verlo, puede que haya días en los que la oscuridad sea más fuerte, pero quiero pensar que, poco a poco, lo bueno irá pesando más que lo malo. Es cuestión de seguir, de intentar no quedarme atrapada en los días grises, y, con suerte, encontrar algo que haga que cada día valga la pena, aunque solo sea un poco.

Así que, al final, creo que lo único que puedo hacer es seguir, porque como he llegado aquí, porque no veo hasta dónde puedo llegar, porque, en fin, la vida sigue…

AGRADECIMIENTOS

Quiero dar las gracias a mi familia, especialmente a mi madre, que ha sido mi apoyo incondicional. Gracias por tu paciencia infinita, por siempre estar ahí, TE AMO.

A mis amigas, las Cristinas (Lo Bueno abunda) y a las Wapistú (Carol y Laura), a mi supervessina Mar, gracias por ser mis compañeras de mi vida.

A mis sobrinas, que son la alegría de mi existencia, no hay nada que me haga más feliz que oírles llamarme «TIETA».

Y, por supuesto, a mis gatos, que me dan tanto amor con su locura gatuna incluida, pero sin ellos mis días no serían los mismos.

Gracias a todos por seguir ahí, por demostrarme que, aunque a veces me sienta sola, no lo estoy.

US ESTIMU.

europa ediciones